TERRÁRIOS
PLANTANDO CRIATIVIDADE E COLHENDO ARTE

ADMINISTRAÇÃO REGIONAL DO SENAC NO ESTADO DE SÃO PAULO
Presidente do Conselho Regional: Abram Szajman
Diretor do Departamento Regional: Luiz Francisco de A. Salgado
Superintendente Universitário e de Desenvolvimento: Luiz Carlos Dourado

EDITORA SENAC SÃO PAULO
Conselho Editorial: Luiz Francisco de A. Salgado
　　　　　　　　　Luiz Carlos Dourado
　　　　　　　　　Darcio Sayad Maia
　　　　　　　　　Lucila Mara Sbrana Sciotti
　　　　　　　　　Luís Américo Tousi Botelho

Gerente/Publisher: Luís Américo Tousi Botelho
Coordenação Editorial: Ricardo Diana
Prospecção: Dolores Crisci Manzano
Administrativo: Verônica Pirani de Oliveira
Comercial: Aldair Novais Pereira

　　Edição e Preparação de Texto: Gabriela Lopes Adami
　　Fotografia: Renan Viana
　　Coordenação de Revisão: Luiza Elena Luchini
　　Revisão de Texto: Sandra Regina Fernandes, Carolina Hidalgo Castelani
　　Projeto Gráfico, Capa e Editoração Eletrônica: Manuela Ribeiro
　　Impressão e Acabamento: Maistype

Proibida a reprodução sem autorização expressa.
Todos os direitos desta edição reservados à
Editora Senac São Paulo
Av. Engenheiro Eusébio Stevaux, 823 – Prédio Editora
Jurubatuba – CEP 04696-000 – São Paulo – SP
Tel. (11) 2187-4450
editora@sp.senac.br
https://www.editorasenacsp.com.br

© Editora Senac São Paulo, 2019

Dados Internacionais de Catalogação na Publicação (CIP)
(Jeane Passos de Souza – CRB 8ª/6189)

Evangelista, Roger
　　Terrários: plantando criatividade e colhendo arte / Roger Evangelista. – 2.ed. – São Paulo: Editora Senac São Paulo, 2019.

　　Bibliografia.
　　ISBN 978-85-396-2987-9 (impresso/2019)
　　e-ISBN 978-85-396-2988-6 (ePub/2019)
　　e-ISBN 978-85-396-2989-3 (PDF/2019)

　　1. Jardinagem　2. Jardinagem em ambiente controlado
3. Paisagismo　4. Terrários : Jardim Botânico　I. Título.

19-1025t　　　　　　　　　　　　　　　　　CDD-635.982
　　　　　　　　　　　　　　　　　　　　　　　　712
　　　　　　　　　　　　　　　　　　　　　　580.73
　　　　　　　　　　　　　　　　　　BISAC GAR006000
　　　　　　　　　　　　　　　　　　　　　GAR017000

Índice para catálogo sistemático:
1. Jardinagem em ambiente controlado :
　　Terrários　　635.982
2. Paisagismo : Jardinagem em ambiente controlado :
　　Terrários　　712
3. Terrários : Jardim Botânico　　580.73

ROGER EVANGELISTA

TERRÁRIOS

PLANTANDO CRIATIVIDADE E COLHENDO ARTE

2ª edição

Editora Senac São Paulo
São Paulo
2019

SUMÁRIO

NOTA DO EDITOR, 7
PREFÁCIO | Ananda Apple, **9**
APRESENTAÇÃO, 13

INTRODUÇÃO AO MUNDO DOS TERRÁRIOS, 17

Breve histórico, 18
Tipos de terrários, 21
A escolha do vidro, 30
Terra, pedras, pedriscos e afins, 35
Ferramentas, 41
A escolha das plantas, 46
Miniaturas, 57

PASSO A PASSO PARA CRIAR SEU PRÓPRIO TERRÁRIO, 71

Dez passos para criar seu terrário, 72

MANTENDO SEU TERRÁRIO SAUDÁVEL, 85

Dicas de manutenção e dúvidas frequentes, 87

INSPIRAÇÕES, 97

Jardim sustentável, 109
Jardim reciclável, 114
Arte no erlenmeyer, 121
Suculenta no becker, 127
Jardim na escumadeira, 131
Casamento na manteigueira, 137
Musgo na lâmpada, 142
Jardim na garrafa de licor, 148
Praia na taça, 155
Temperinho, 162
Jardim na xícara, 167
Jardim na cafeteira, 173
Jardim na saboneteira vintage, 178
Panela de barro, 185
Jardim no abacaxi, 190
Orquídea na redoma, 194

REFERÊNCIAS, 201
AGRADECIMENTOS, 203
SOBRE O AUTOR, 207

NOTA DO EDITOR

Uma série de motivações pode ter trazido você, leitor(a), a este livro e à decisão de montar um terrário: a vontade de desenvolver um novo passatempo; a necessidade de ter um contato mais próximo com a natureza; o desejo de fazer um presente personalizado, ou então de decorar a casa ou o local de trabalho com um pouco mais de verde e originalidade...

Seja qual for sua intenção, saiba que a técnica de criar terrários é muito acessível – além de ecológica – e pode ser praticada por qualquer um, independentemente de ter ou não experiência prévia com jardinagem.

Isso porque esses pequenos jardins são fáceis de montar e possibilitam uma infinidade de combinações, exercitando sua criatividade desde a escolha das plantas até a seleção dos objetos que podem formar verdadeiros cenários em miniatura, dando um toque particular e especial à composição.

Lançamento do Senac São Paulo, *Terrários: plantando criatividade e colhendo arte* traz a você muitas informações importantes e dicas práticas sobre o assunto – contando até com uma seção de dúvidas comuns sobre a manutenção dos terrários depois de prontos –, além de reunir fotos de projetos incríveis e muito criativos para servir como inspiração. Este livro prova que a falta de tempo, de espaço ou mesmo de aptidão para cuidar das plantas não é mais desculpa para não ter um pequeno jardim dentro de casa.

PREFÁCIO

O terrário mais antigo de que se tem notícia é de 1960, feito pelo engenheiro inglês David Latimer. A *tradescantia* verde (uma folhagem rasteira) que ele plantou há quase sessenta anos continua ativa e toma conta de todo o espaço do garrafão, que só foi aberto uma vez para receber um pouco de água em 1972. Com a luz do sol, a folhagem faz fotossíntese, produz oxigênio e transforma dióxido de carbono em nutrientes. A evaporação produz mais água e, ao entrar em contato com o vidro e condensar, cai de volta sobre as plantas como se fosse chuva. E assim o ciclo se refaz. As bactérias amigas também decompõem os restos e transformam tudo em terra e comida. Se isso não é o mundo perfeito, não sei o que é. Com ele a gente entende como a vida em um terrário pode ser ecológica e didática.

Quem nunca plantou feijão em vidro de conserva ou de café quando estava na escola? O Roger também fez isso. Mas, para ele, a experiência extrapolou os dias de "cientista maluco" na infância e se misturou a um dom natural, que o ex-executivo de multinacional não sabia que estava adormecido. Hoje, eu o definiria como um "criador de minimundos vivos".

Aprendi o que sei sobre o assunto ao observar o trabalho do Roger durante reportagens que fiz para a televisão. Ele sabe antever o belo criando esses ambientes mentais, os quais traduz garimpando enfeites, pedras e miniaturas e projetando jardins, florestas, pracinhas, escarpas e litorais que cabem na mão. Isso é possível quando se tem senso estético para misturar cores, texturas e tamanhos diferentes. Coisa de arquiteto, de paisagista... Mas ele sempre fez questão de deixar claro que todos nós podemos fazer nosso próprio minijardim envasado. E ele até cultiva muitas de suas pequenas mudas no quintal, experimentando o que funciona ou não.

Quando conheci os terrários do Roger, fiquei fascinada com o capricho e a fidelidade da recriação do verde e das paisagens dentro dos vidros. Claro que ele não usa qualquer vidro – um belo universo merece uma embalagem à altura. Roger garimpa desde os vidros mais simples – para não concorrer com a exuberância do minimundo criado – até os mais "diferentões". E a gente não sabe se o vidro melhora a paisagem ou se a paisagem melhora o vidro.

O que eu sei é que os terrários melhoram a vida da gente. Criam um tempo de sonho, de planejamento e dedicação antes e durante a montagem. Depois, nos dão o prazer da surpresa e da observação enquanto crescem e se bastam. Em troca, só pedem luz, um pouquinho de água de vez em quando e, eventualmente, alguma manutenção.

A humildade de dividir o que sabe Roger provavelmente lapidou ao observar o quanto a natureza é perfeita, mesmo engarrafada. A planta precisa de luz, a terra precisa de água, a água precisa que a planta respire, e assim por diante. Uma corrente de elos interdependentes. Todos importam. E ninguém faz nada sozinho.

Tenho certeza de que o Roger me diria que hoje é um cara melhor. Inclusive pela paciência para observar as transformações de suas paisagens depois de semanas, meses e, agora, anos. E por perceber que cada fase da vida tem sua beleza própria.

Ananda Apple
Jornalista e apresentadora do "Quadro Verde"
(Bom dia SP – TV Globo)

APRESENTAÇÃO

Nos dias de hoje, com o crescimento das áreas urbanas (que comumente ocorre de forma desordenada), os espaços verdes que restam nas cidades estão cada vez menores, muitas vezes se resumindo a pequenos oásis em meio a verdadeiras selvas de pedra.

Nós humanos somos animais por essência, e por isso estar perto da natureza nos faz bem: um simples passeio no parque ou em uma praça, por exemplo, em que podemos parar e observar as espécies, pisar sobre as folhas caídas no chão e ouvir o canto dos pássaros já pode ter um efeito relaxante!

Muita gente adoraria ter essa natureza perto de si — se não um bosque inteiro, pelo menos um grande jardim, com muitas plantas, mesmo que fosse em vasos... Porém, logo vem o pensamento: "pena que eu não tenho espaço nem tempo"; ou ainda: "pena que não levo muito jeito para cuidar de plantas".

Mas e se tivéssemos pequenos jardins, encapsulados dentro de vidros, com muitas espécies diferentes, que pudessem ser admiradas bem de pertinho, em qualquer canto da nossa casa, sem exigir muito trabalho? Será que isso é possível?

Sim, esse tipo de jardim existe e chama-se **terrário**!

Ele consiste basicamente de um ecossistema em miniatura, que precisa apenas ser regado a cada dois ou três meses e não necessita de sol direto, somente de luz natural. Nesse jardim autossuficiente podemos ver as gotículas que se formam no vidro por meio do processo de condensação — gotículas essas que funcionarão como a chuva no nosso jardim, possibilitando a continuidade de crescimento das plantinhas e até a germinação de outras novas. Não é genial?

Por serem lindos e fáceis de cuidar, a técnica de fazer terrários vem ganhando cada vez mais adeptos. Eles podem ter o tamanho e as características que você quiser, para caber em qualquer cantinho da casa ou do seu local de trabalho, e dão um toque de verde ao ambiente, funcionando como item de decoração – e também como uma ótima opção de presente! Se quiser, dá até para usar o terrário em um colar e carregá-lo com você, bem pertinho do coração.

A minha história com esses jardins encantadores começou alguns anos atrás, mais precisamente em 2013, quando um amigo me mostrou com entusiasmo um vidro que tinha comprado e me pediu dicas de como utilizá-lo. Rapidamente me veio à mente a imagem de um terrário que eu havia construído em um vidro de café solúvel, quando tinha 12 ou 13 anos, e que fazia parte de uma experiência para a aula de biologia. Com boas lembranças daquele primeiro terrário (que durou mais de dois anos), sugeri ao meu amigo reproduzirmos a experiência, e saímos no mesmo momento para pesquisar um pouco mais sobre essa técnica. Foi assim que me deparei com um universo que nem sabia que existia...

Hoje em dia, e agora com muito mais conhecimento e prática, costumo dizer que qualquer pessoa pode construir seu próprio terrário e ter, assim, um jardim para chamar de seu – basta ter em mãos um vidro transparente, alguns pedriscos, um pouco de terra, algumas espécies de plantas e, claro, criatividade de sobra!

Por isso, a ideia deste livro é ser um manual simples e prático para a criação desses jardins, servindo de inspiração para que você, leitor(a), possa trazer a natureza para mais perto de si.

Que tal colocar as mãos na massa – ou melhor, na terra – e criar seu jardim particular?

INTRODUÇÃO AO MUNDO DOS TERRÁRIOS

BREVE HISTÓRICO

Basta fazer uma rápida pesquisa na internet sobre o tema para perceber que os terrários viraram uma paixão mundial! Podemos encontrar imagens com diversos modelos e características, um mais lindo que o outro.

Para os menos antenados no assunto, a impressão que fica é que essa tendência é super-recente e que talvez a técnica tenha sido descoberta em algum laboratório, em alguma parte do mundo, há pouco tempo... Mas a verdade é que os terrários já fazem sucesso desde os tempos vitorianos, no século XIX!

A história mais conhecida sobre como eles surgiram atribui sua criação ao Dr. Nathaniel Ward, um médico inglês que colecionava mais de 25 mil espécies de plantas em seu herbário particular. Em meados de 1820, Ward percebeu que várias delas — em especial as samambaias — não estavam sobrevivendo bem, provavelmente por causa do ar poluído de Londres em plena Revolução Industrial. No entanto, ao observar um de seus experimentos — uma crisálida que estava sobre a terra úmida dentro de um vidro fechado —, ele percebeu que a umidade se mantinha ali dentro, e, em alguns dias, o esporo de uma samambaia começou a brotar. Assim, Ward descobriu que as plantas podiam se desenvolver lentamente, mas de forma contínua, dentro dos recipientes fechados e transparentes, que funcionavam como pequenas estufas.

Essa descoberta foi muito importante para botânicos e outros estudiosos, pois possibilitou que, a partir de então, as plantas pudessem ser transportadas em longas viagens de navio e que também sobrevivessem em climas e ambientes desfavoráveis. Após anos de estudo, Ward escreveu um livro específico sobre esse assunto, intitulado *On the growth of plants in closely glazed cases* (cuja tradução seria algo como "Sobre o crescimento de plantas encapsuladas em vidros"), e em homenagem a ele esses primeiros terrários ficaram conhecidos como *wardian cases*.

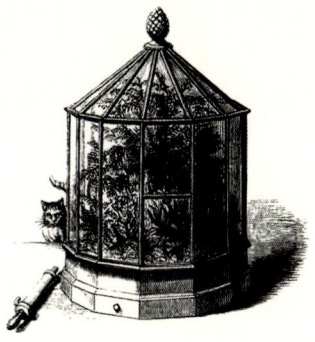 

Ilustrações do livro *On the growth of plants in closely glazed cases*, de Nathaniel Ward, publicado na Inglaterra em 1852.

Além do objetivo científico, os terrários e minijardins também se tornaram formas de cultivar e exibir plantas exóticas em casa — como podemos comprovar em livros antigos sobre o assunto, como o de Shirley Hibberd, datado também do século XIX.

As imagens no livro de Shirley Hibberd, publicado em 1856, também confirmam o gosto da sociedade inglesa da época por esses jardins encapsulados como itens de decoração.

A ideia aos poucos foi se espalhando, em especial pela Europa e pelos Estados Unidos. Mais tarde, na década de 1970, os terrários voltaram à moda — principalmente com o movimento *hippie* — e desde então passaram a figurar como item de decoração, nos mais variados tipos, tamanhos e formatos, contendo também espécies diferentes que podem ser de diversas partes do mundo.

TIPOS DE TERRÁRIOS

Se você se lembra das aulas de biologia, sabe que **ecossistema** é o nome dado a todo sistema estável, geralmente equilibrado e autossuficiente, composto pelo meio natural e pelos seres (animais e vegetais) que nele vivem. O conceito também envolve a relação entre esses seres e o ambiente, bem como suas características físicas, químicas, biológicas, etc.

Os terrários se encaixam nessa definição porque reproduzem, em uma escala menor, o que ocorre na natureza: a camada de terra e pedriscos funciona como o solo; a água da rega, como a chuva; e as plantas, obviamente, como a vegetação.

Existe uma convenção na nomenclatura com base na utilização ou não do vidro em torno desses pequenos ecossistemas. Assim, chamamos de minijardim quando o vidro não é utilizado ou quando escolhemos um vidro sem tampa – nesse último caso, os jardins ficaram conhecidos popularmente como terrários abertos. Já os chamados terrários fechados, como o nome já sugere, são aqueles feitos dentro de um recipiente fechado, que nos possibilita formar uma pequena estufa, dentro da qual funciona um ecossistema fechado (ou seja, autossustentável).

Independentemente do tipo escolhido, os elementos que geralmente compõem esses jardins são:

- vidro ou outro recipiente;
- terra e areia;
- pedriscos e pedras;
- plantas;
- enfeites, miniaturas e outros objetos decorativos.

A seguir veremos cada um deles mais detalhadamente.

Minijardins (terrários abertos)

São jardins construídos em recipientes abertos, em geral feitos de vidros transparentes (para permitir a passagem de luz) ou de outros materiais, como vasos de cerâmica, de barro, de madeira ou metal, sempre sem a tampa.

Em seu interior costumam ser usadas plantas de regiões desérticas, como suculentas e/ou cactos, que sobrevivem bem em ambientes com muita luz natural. Elas devem ser expostas ao sol pelo menos duas ou três vezes por semana, e as regas podem ser feitas a cada quinze ou vinte dias, dependendo do local onde serão expostas e da época do ano.

Terrários fechados

São jardins construídos em recipientes fechados, em geral feitos de vidro transparente para permitir a passagem de luz. Não existem regras em relação ao tamanho, ao tipo ou ao formato do vidro – por isso, vale usar a imaginação!

Nesses recipientes, após a rega, as gotículas de água são armazenadas internamente e, quando a temperatura sobe, elas se condensam nas paredes e na tampa do vidro, caindo novamente e umedecendo o jardim. Como esse processo é repetido continuamente, formamos um ecossistema fechado e autossustentável.

Assim, essas plantas necessitam de regas em períodos mais espaçados, podendo variar de dois a oito meses, dependendo do tipo de planta e do fechamento do vidro.

A ESCOLHA DO VIDRO

Pequeno ou grande, redondo ou com linhas retas, de aparência antiga ou moderna – o tamanho e o estilo podem variar à vontade; o que importa é que o vidro seja transparente, de boa qualidade e, no caso dos terrários fechados, que possua uma tampa que mantenha a umidade no seu interior.

Não é recomendado usar recipientes de acrílico para fazer os terrários, pois eles riscam com muita facilidade e podem não permitir uma visibilidade tão boa quanto a do vidro – o que pode prejudicar, por exemplo, na hora de verificar se existe a formação de fungos em algum ponto do jardim.

Uma boa dica na hora de escolher o vidro é pensar no local em que o terrário será colocado: além de analisar o espaço disponível e checar se ali há bastante luz natural, vale a pena combinar o modelo do vidro com o restante do ambiente, assim o seu jardim fará parte da decoração e deixará a casa ou o escritório ainda mais agradável.

Se você for iniciante no mundo dos terrários, também é interessante começar selecionando vidros com bocas mais largas, para que o manuseio das ferramentas seja mais fácil ou para que possa trabalhar com as próprias mãos. À medida que for pegando mais prática, você pode ir diminuindo a abertura dos vidros escolhidos e, assim, o desafio vai ficando maior.

Cuidado se decidir usar vidros verdes reciclados ou outros muito finos, pois eles podem quebrar durante o manuseio ou mesmo trincar depois que o terrário estiver pronto. Isso acontece porque, após a rega, todos os ingredientes (como a terra, as pedras e os cascalhos) podem dilatar, aumentando a pressão no interior do vidro. Mudanças bruscas de temperatura também podem fazer com que os vidros se quebrem facilmente.

DICA VERDE

Antes de comprar um vidro para criar seu terrário, que tal dar uma olhada na despensa ou nos armários da sua casa?

Vidros de conserva, jarras, potes de geleia, *kits* de laboratório e até uma velha lâmpada queimada podem virar um lindo jardim! Ao reutilizar esses recipientes você ajuda o meio ambiente e ainda poupa seu dinheiro.

Porém, vale lembrar que a higienização é muito importante. Por isso, seguem algumas instruções para a limpeza dos vidros antes de utilizá-los no seu terrário:

- Você deve lavar muito bem os vidros com água e sabão. Se for preciso, pode também utilizar uma esponja para ajudar a retirar todos os resíduos.

- Água quente é ótima para retirar a gordura do vidro.

- Fique atento aos vidros que continham produtos de limpeza e outros produtos químicos, pois muitas vezes não conseguimos retirar totalmente o odor, mesmo depois da limpeza. Se esse for o caso, é melhor descartar o vidro, pois ele pode conter alguma substância impregnada que prejudicará o seu jardim.

Na seção de "Inspirações" deste livro (pág. 97), você encontrará vários exemplos de vidros diferentes que foram reutilizados para formar lindos terrários. (Aliás, em alguns casos também é possível reaproveitar embalagens plásticas – como fizemos no jardim reciclável da pág. 114. Vale conferir!)

TERRA, PEDRAS, PEDRISCOS E AFINS

A terra é a base do seu terrário: é ela quem vai fornecer os nutrientes para que as plantas vivam bem e saudáveis por muitos anos; portanto, na hora de escolher que tipo utilizar, não economize – procure sempre comprar terra de boa qualidade, com fornecedores confiáveis. Podemos encontrar várias marcas em lojas especializadas em jardinagem.

Se for utilizar terra que já possui em casa – como do seu quintal ou de vasos de outras plantas, por exemplo –, certifique-se de que não haja uma mistura de materiais orgânicos (como folhas e galhos), sujeira, produtos químicos (como fertilizantes) ou mesmo insetos, pois eles podem começar a comer suas plantinhas, sujar o vidro do terrário, ou pior, podem morrer em pouco tempo, pois provavelmente o seu ecossistema não fornecerá tudo o que eles precisam para sobreviver.

Se você estiver criando um terrário com orquídeas ou bromélias, em vez de terra você vai precisar de substratos – como cascas de árvores – específicos para esses tipos de plantas. (Muitas vezes você pode utilizar o substrato que já vem no vasinho da orquídea.)

Para minijardins com cactos e suculentas, também é necessário misturar uma porção de terra com a mesma quantidade de areia, assim proporcionará um escoamento rápido e fácil da água para esses tipos de plantas.

Além da terra, você vai precisar de pedras ou pedriscos para fazer o dreno do seu terrário. O objetivo do dreno é evitar que seu terrário fique encharcado, pois, caso seja colocada uma quantidade maior de água do que era necessário, ele impede que as raízes fiquem em contato direto com a água. Além disso o dreno ajuda a não gerar umidade excessiva dentro do vidro.

Ao fazer essa camada, você pode utilizar pedras de vários formatos, tamanhos e cores. Intercalando esses materiais, você vai conseguir um efeito estético muito interessante, além de simular o subsolo natural, que geralmente possui várias camadas diferentes. (Se colocar uma camada fina de areia separando esses pedriscos, o efeito fica ainda melhor!)

A seguir estão elencados alguns exemplos de materiais para fazer a base do seu terrário; mas não se prenda aos nomes, pois eles podem variar dependendo do fornecedor ou até mesmo da região onde você mora. Essas são só algumas das muitas possibilidades que podem ser encontradas nas casas especializadas em pedras, nos depósitos de materiais de construção ou até mesmo no jardim da sua casa.

1. Areia fina clara; **2.** Conchas; **3.** Areia fina azul-escura; **4.** Seixo nº 1; **5.** Rochas pretas; **6.** Pedras de rio; **7.** Areia fina escura; **8.** Areia fina azul-clara; **9.** Pedras de rio; **10.** Rochas vermelhas; **11.** Rochas cinzas; **12.** Areia de rio; **13.** Terra.

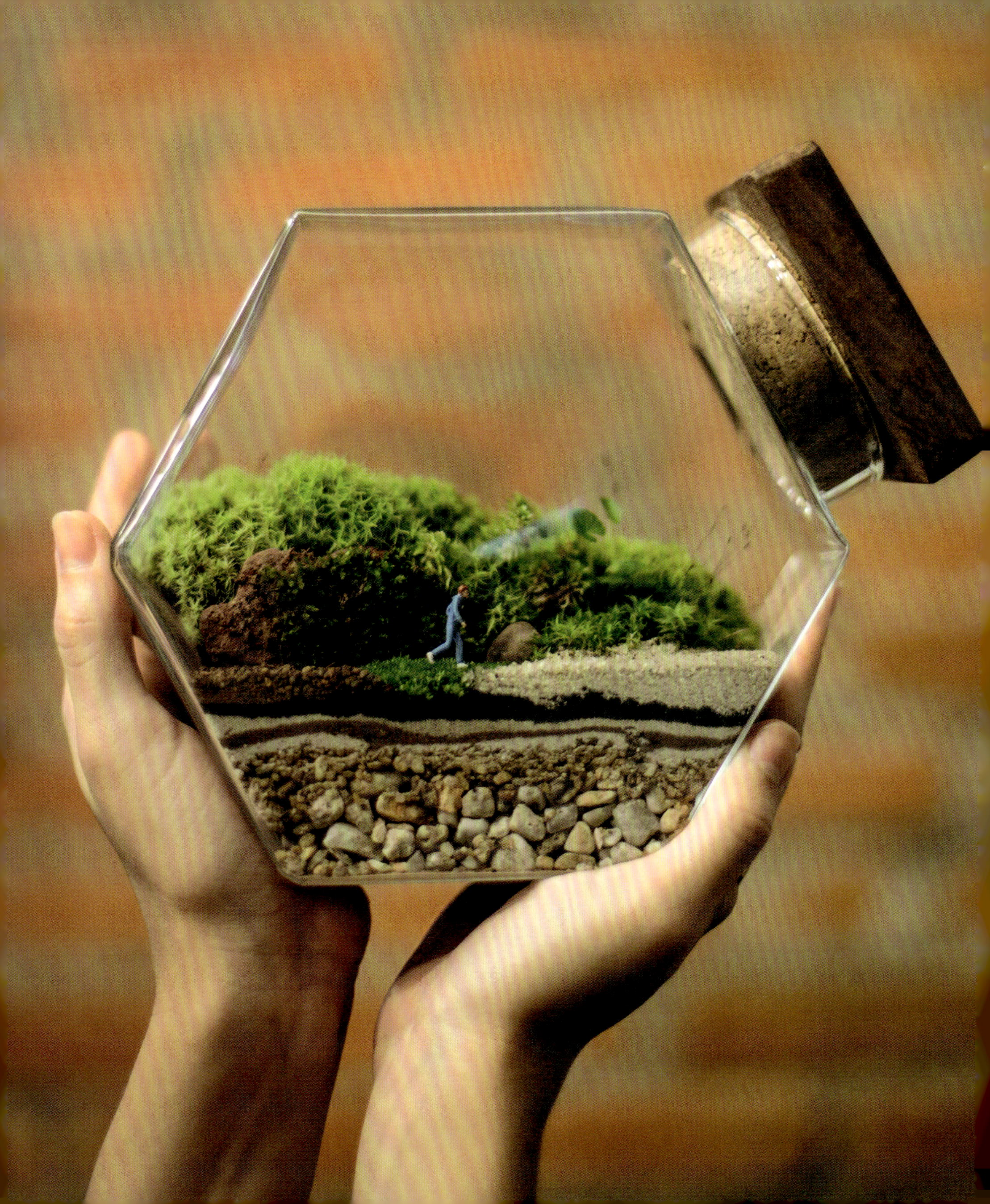

DICA VERDE

- Podemos conseguir pedriscos bem interessantes e exclusivos peneirando as pedras maiores e aproveitando seus resíduos, ou passando a areia mais grossa por peneiras finas, sucessivamente, até conseguir chegar à areia fina. Dessa forma, podemos utilizar todos os subprodutos desses materiais, evitando o desperdício.

- Outra forma de fazer o dreno, principalmente no caso de terrários grandes, é utilizar rolhas de cortiça ou pedacinhos de isopor: isso ajuda a deixar o terrário mais leve, além de reaproveitar materiais que provavelmente seriam descartados.

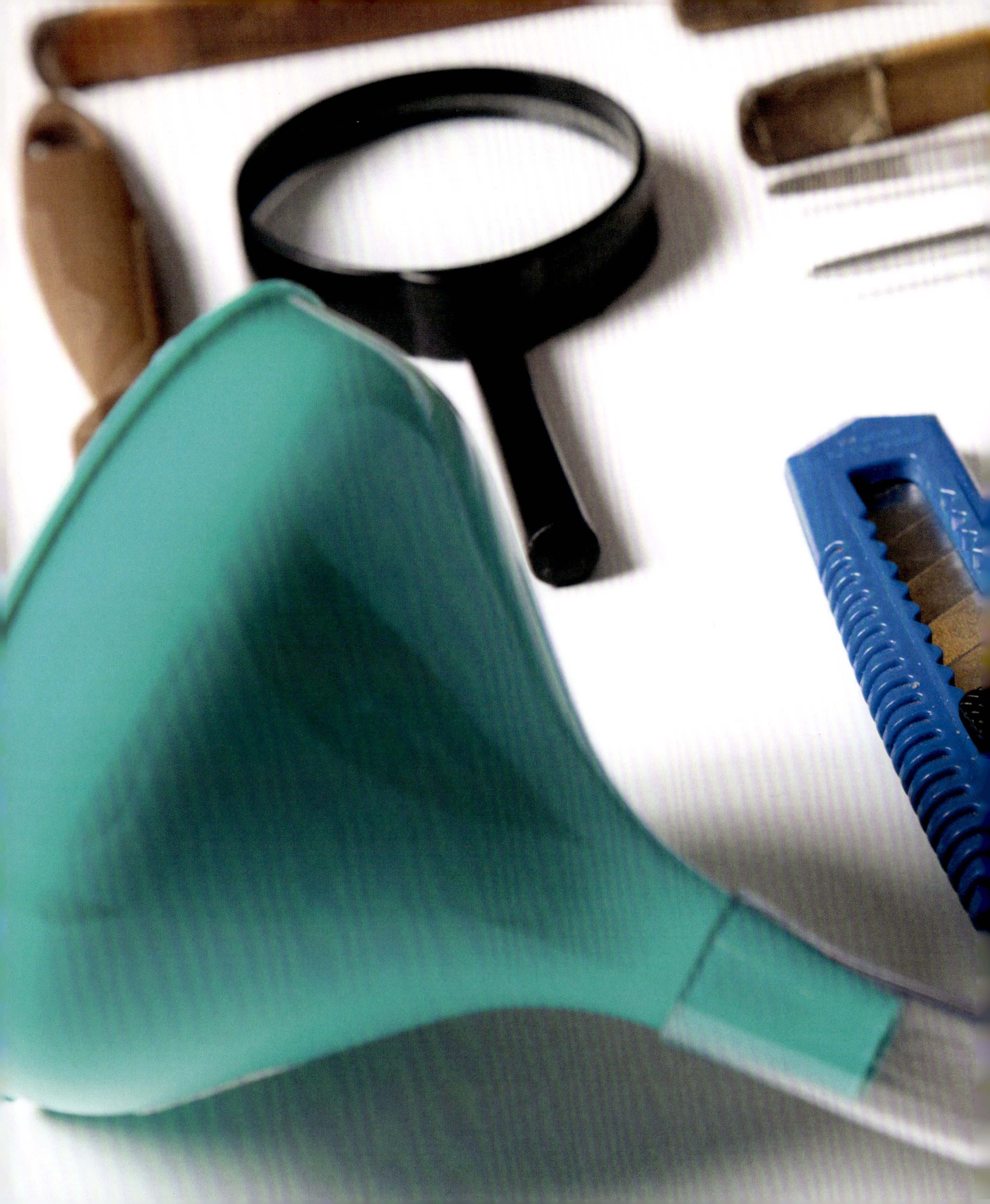

FERRAMENTAS

As ferramentas mais importantes para criar um terrário são nossas próprias mãos!

Sim, se quiser, você pode montar um terrário do início ao fim sem o auxílio de nenhum outro tipo de ferramenta... Mas não há como negar que alguns utensílios facilitam nossa vida, principalmente no caso de recipientes mais estreitos ou de terrários mais complexos.

Na verdade, não existem ferramentas específicas para a construção de terrários – e essa é outra facilidade que a técnica apresenta, pois podemos utilizar objetos do nosso dia a dia, cuja função principal é outra, mas que podem ajudar muito nas diferentes etapas de criação e manutenção dos jardins.

Tesouras, funis, um pedaço de mangueira, colheres de diferentes tamanhos, alguns pincéis e pinças ou um simples palito de madeira com uma rolha na ponta, por exemplo, podem ser muito úteis na hora de fazer o terrário. Mas não se prenda a esses exemplos – outras ferramentas podem ser "criadas" de acordo com a sua necessidade ou com os utensílios que estiverem disponíveis. (Nessa hora também vale usar a criatividade!)

1. Pincéis; **2.** Tesoura; **3.** Funil; **4.** Lupa; **5.** Estilete; **6.** Funil com mangueira; **7.** Pinças; **8.** Colheres; **9.** Batedor ou socador; **10.** Escala ou régua; **11.** Óculos de proteção.

- **Pincéis:** são utilizados para fazer a limpeza do vidro durante a montagem do terrário e, depois, na manutenção. Podem ser fininhos ou mais grossos.

- **Pinças:** são usadas tanto para plantar como para fazer o acabamento, ou até mesmo para inserir miniaturas e outros objetos decorativos no terrário. Elas são muito importantes quando utilizamos recipientes com a boca estreita, como garrafas e vidros mais altos. Podem ser de aço cirúrgico ou de madeira (dessas de cozinha, usadas para fazer frituras).

- **Colheres:** servem tanto para colocar areia ou pedriscos finos em locais difíceis de alcançar como para fazer as "covinhas" no momento de realizar o plantio. Todas são bem-vindas, desde as colheres de café até as chamadas de bailarinas, que têm o cabo mais longo e servem para mexer sucos.

- **Funis:** podem ser usados para colocar areia ou pedriscos pequenos no terrário, evitando que o material pulverulento suba e suje as paredes do vidro, e ajudam a colocar a areia nos cantinhos mais difíceis, principalmente quando utilizamos recipientes mais altos.

- **Tesoura e estilete:** servem para podar as plantas ou para cortar galhos secos ou outros elementos que utilizamos na decoração.

- **Batedor ou socador:** pode ser criado de uma maneira bem simples, bastando espetar uma rolha em um palito ou pedaço de madeira, e é utilizado para fazer pequenas covas ou para "amassar" a terra, deixando a camada mais regular antes e após o plantio.

- **Escala ou régua:** quando utilizamos personagens ou objetos na decoração do terrário, é importante atentar para sua escala em relação aos demais elementos, por isso vale a pena medi-los antes de colocá-los no terrário. Quanto mais realista for o cenário criado, mais bonito e interessante ele ficará.

- **Óculos de proteção:** utilizado como um equipamento de proteção individual (EPI), é muito importante principalmente quando vamos trabalhar com cactos, pois algumas espécies têm espinhos minúsculos que podem se soltar durante o manuseio e causar sérios problemas à saúde dos olhos.

As luvas também são essenciais para proteger as mãos quando trabalhamos com cactos – porém, muitas vezes elas não são suficientes, já que algumas espécies possuem espinhos maiores e mais robustos, que exigem uma proteção maior. Nesses casos, uma solução simples é utilizar um pedaço de papelão como se fosse uma pinça.

Utensílios para a rega

Uma das etapas mais importantes na construção e na manutenção do terrário é a rega, que pode ser feita utilizando várias ferramentas. O ideal é não colocar a água diretamente sobre as plantas, pois ela pode se acumular nas folhas e, com isso, levar ao seu apodrecimento.

Um borrifador, uma pipeta, um conta-gotas ou até mesmo uma seringa podem se transformar em um regador – a escolha deve ser feita de acordo com o tamanho e o modelo do terrário, e dependendo do tipo ou da quantidade de vegetação utilizada.

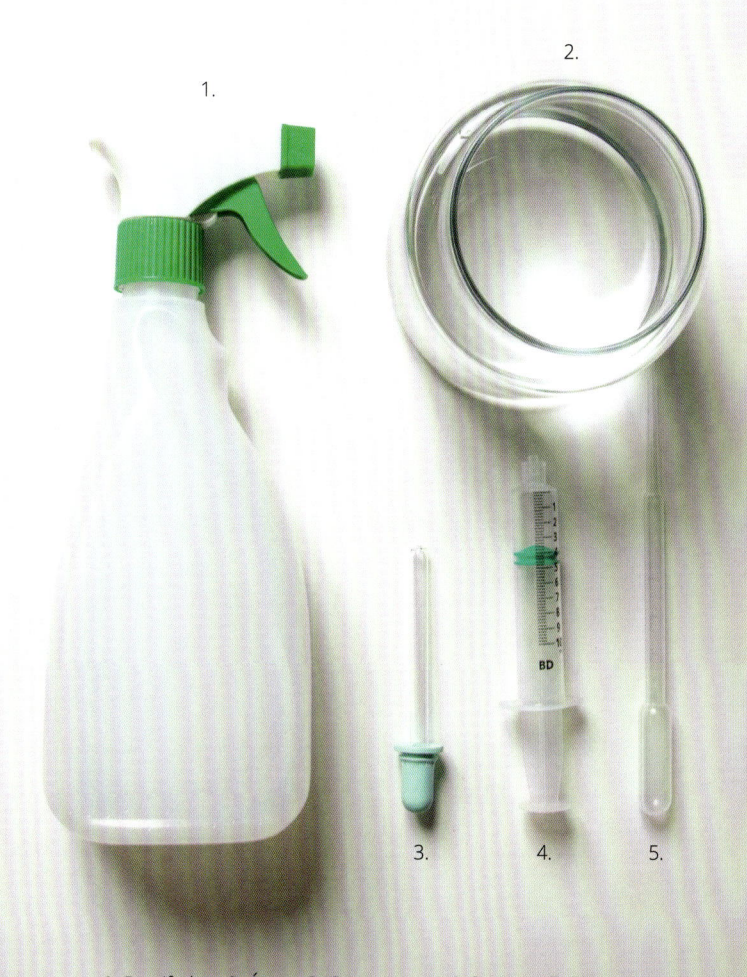

1. Borrifador; **2.** Água; **3.** Conta-gotas; **4.** Seringa; **5.** Pipeta.

A ESCOLHA DAS PLANTAS

O momento de selecionar as plantas é um dos mais agradáveis na criação do terrário, pois podemos escolher aquelas de que mais gostamos e compor um jardim personalizado. Porém, além do aspecto estético, é importante entender um pouco mais sobre as características de cada uma e sobre as condições de iluminação, rega e solo de que precisam, pois devemos utilizar plantas com necessidades semelhantes para que elas permaneçam saudáveis.

Nunca misture plantas que precisem de condições opostas para sobreviver – por exemplo, um musgo nunca vai poder habitar um minijardim de cactos, pois um dos dois morrerá. As suculentas e os cactos são plantas de deserto e, portanto, precisam de pouca água e de muita luz natural, com presença de sol pleno por pelo menos dois ou três dias da semana. Por isso, são muito utilizadas em minijardins. Já as plantas que se adaptam melhor em lugares mais úmidos e com menos luz natural são ideais para os terrários fechados.

Você pode adquirir as plantas em floriculturas e lojas especializadas ou até mesmo colhê-las em seu quintal; mas lembre-se de que plantas são seres vivos e muito sensíveis, por isso precisam ser manuseadas com cuidado para que não sejam retiradas folhas em excesso ou para que as raízes não sejam danificadas.

Além disso, observe se a planta está saudável o suficiente para ser replantada no terrário ou no minijardim, caso contrário ela pode não sobreviver à mudança de "casa"!

A seguir estão alguns exemplos de espécies que podem ser utilizadas em seu terrário.

DICA VERDE

Se for retirar as plantas do quintal para usá-las no seu terrário, não retire todas as mudas; assim você permite que as espécies continuem a se desenvolver e ainda pode voltar em outro momento para retirar novas mudas. A natureza agradece!

Plantas para terrários fechados

Podemos associar o terrário fechado a uma minifloresta úmida e quente, com uma vegetação que necessita de pouca luminosidade direta e umidade constante.

A seguir estão elencadas algumas sugestões de espécies que poderão ser utilizadas nesse tipo de terrário. (Os nomes populares podem variar de região para região.)

Erva-tostão

Espada-de-são-jorge ou sanseveria

Hera

Lírio

Maranta

Miniorquídea

Musgo

Palmeira

Peperômia
(*Peperomia scandens*)

Pileia ou planta-alumínio

Samambaia-crespa

Unha-de-gato

Plantas para minijardins

Como vimos, os minijardins ou terrários abertos geralmente levam plantas desérticas, que necessitam de pouca água e muita luz natural, de preferência com alguns dias sob a luz solar direta.

Se você for colocá-las em algum canto da casa ou do trabalho em que não haja muita luz natural, é necessário transportar o terrário para ficar no sol pelo menos dois ou três dias da semana.

Nada impede que você utilize no minijardim as plantas que foram listadas para fazer o terrário fechado – todas as folhagens se adaptam bem, o que muda é o sistema de rega, que no minijardim vai variar de uma a duas vezes por semana, sendo que as mesmas espécies no terrário fechado precisariam de água somente a cada dois ou três meses.

A exceção são os musgos frescos, que **não** devem ser utilizados em minijardins, pois se desidratam muito facilmente e em poucas horas podem ficar secos e morrer. Já os musgos que compramos desidratados funcionam bem e podem ser utilizados para fazer a decoração dos minijardins.

A seguir estão elencadas algumas sugestões de espécies que poderão ser utilizadas nesse tipo de terrário. (Os nomes populares podem variar de região para região.)

Brilhantina	Cacto-bola	Cacto-estrela
Colar-de-pérola (ou rosário)	Echevéria ou rosa-de-pedra	
Echevéria Black Prince	Echevéria carnicolor	*Haworthia cymbiformis*

Orelha-de-coelho ou palma-brava

Orelha-de-gato

Rabo-de-macaco

Rabo-de-tatu ou zebra

Ripsális

Sedum adolphi

Observação: algumas espécies de cactos e suculentas podem até ficar em terrários fechados, porém o cuidado com a umidade dentro do vidro deverá ser redobrado. Como essas plantas precisam de pouca água, para que sobrevivam no terrário fechado a evaporação deve se manter baixa e o intervalo entre as regas deverá ser ainda maior. Por isso, o melhor mesmo é deixá-las nos jardins abertos.

Criando novas mudas

Quando fazemos o transplante das suculentas para o terrário ou minijardim, algumas folhas podem se soltar, pois apesar de serem plantas muito resistentes ao sol e à falta de água, elas são bem frágeis ao toque. Se isso acontecer, não jogue fora as folhinhas: elas podem dar origem a novas mudas e aumentar a sua coleção de suculentas.

Para criar um "berçário" de suculentas, você pode seguir estes passos:

1. Em um recipiente com furos no fundo, coloque uma mistura de uma parte de areia para uma parte de terra preta de boa qualidade.

2. Coloque as folhas de suculentas sobre essa mistura, deixando um espaço entre elas para que não "esbarrem" umas nas outras quando começarem a brotar.

3. Pulverize água sobre as novas mudas a cada quinze dias, tomando cuidado para não alagar.

4. Deixe as mudas em um local com muita luminosidade e de preferência exponha-as ao sol direto por pelo menos dois ou três dias da semana.

5. Quando as mudas já estiverem formadas e enraizadas, é importante replantá-las em um novo vaso, agora individualmente, para que possam crescer. O tempo estimado para esse transplante é de mais ou menos dois meses, dependendo do local onde foram colocadas e dos cuidados que foram tomados.

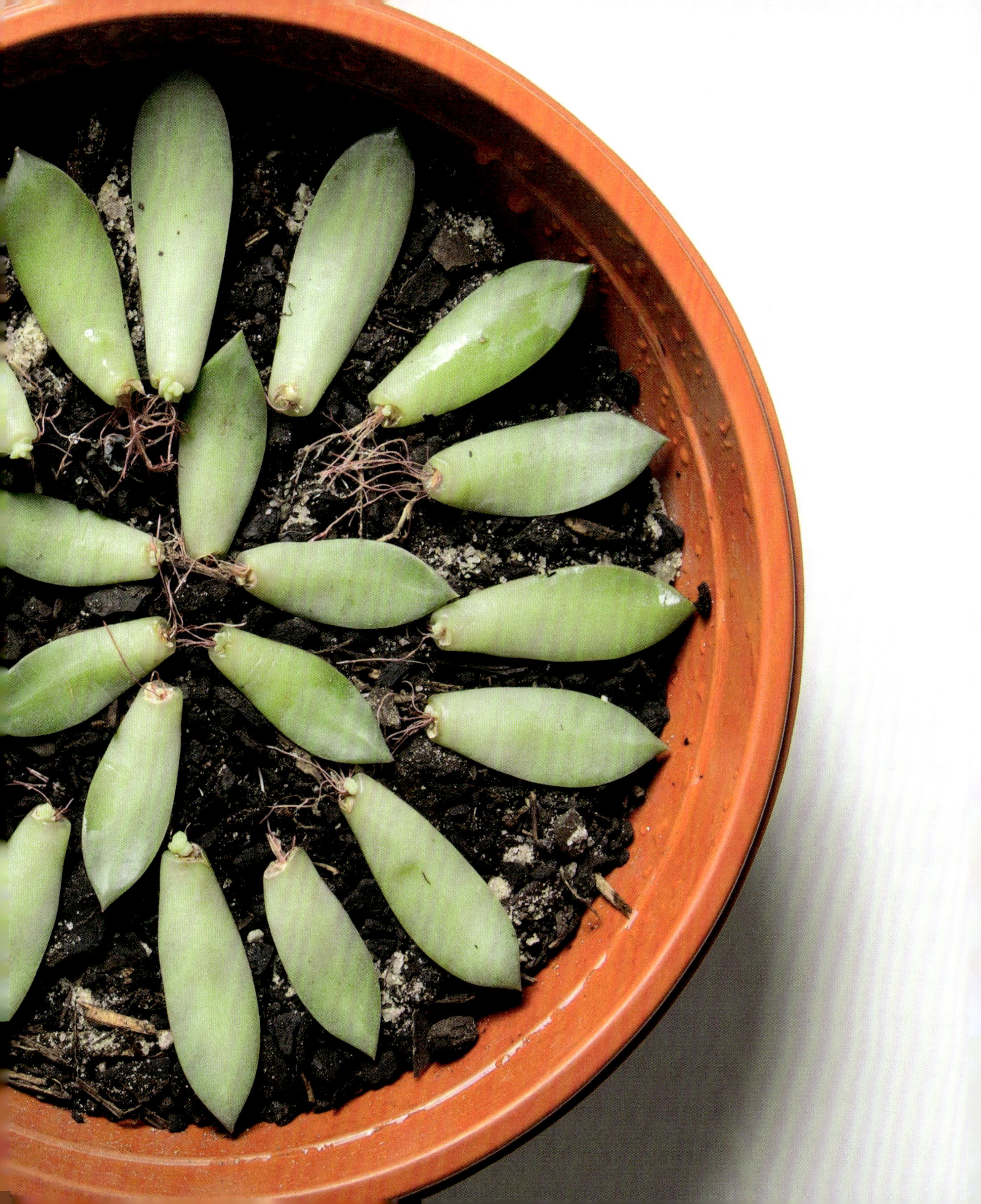

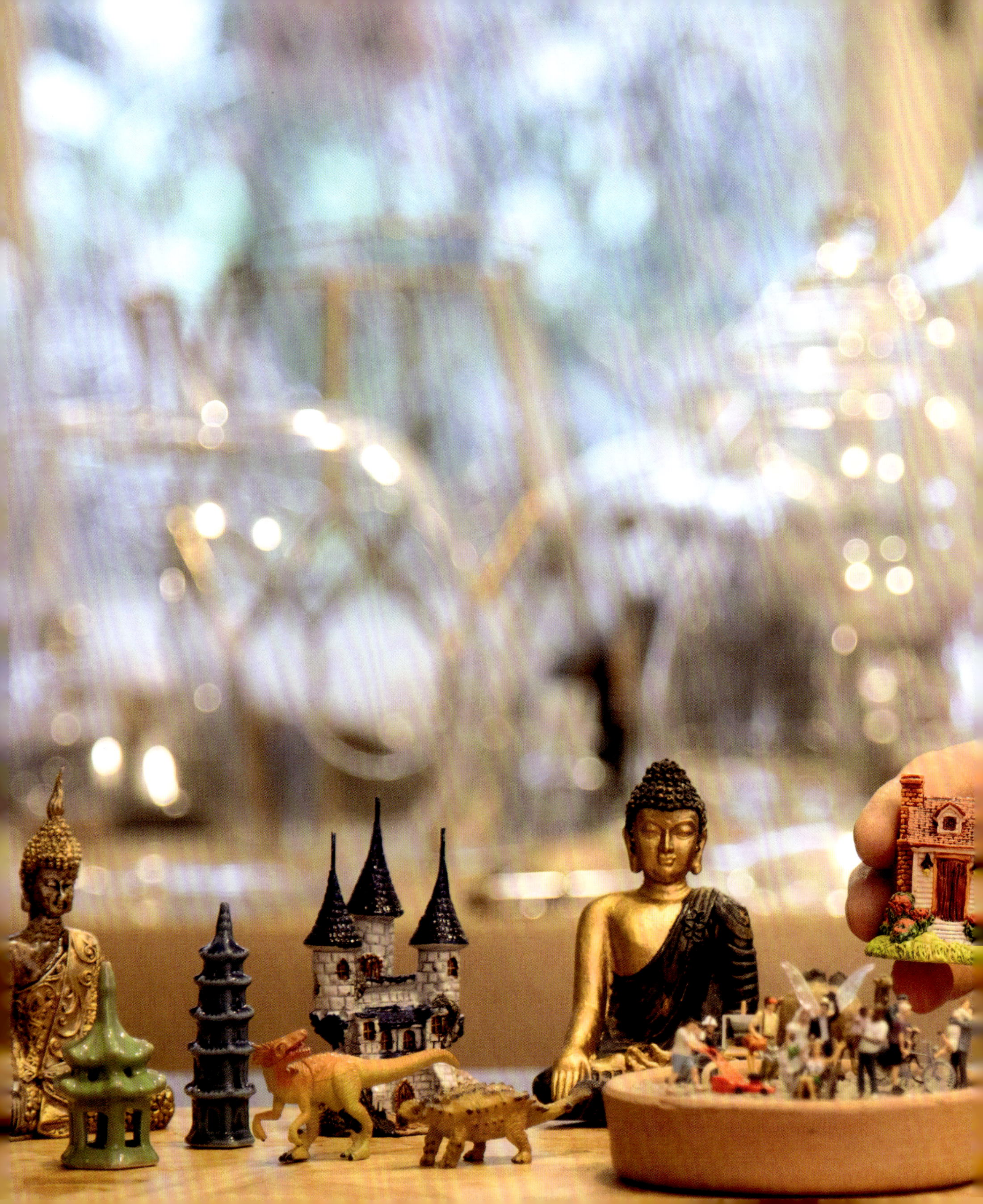

MINIATURAS

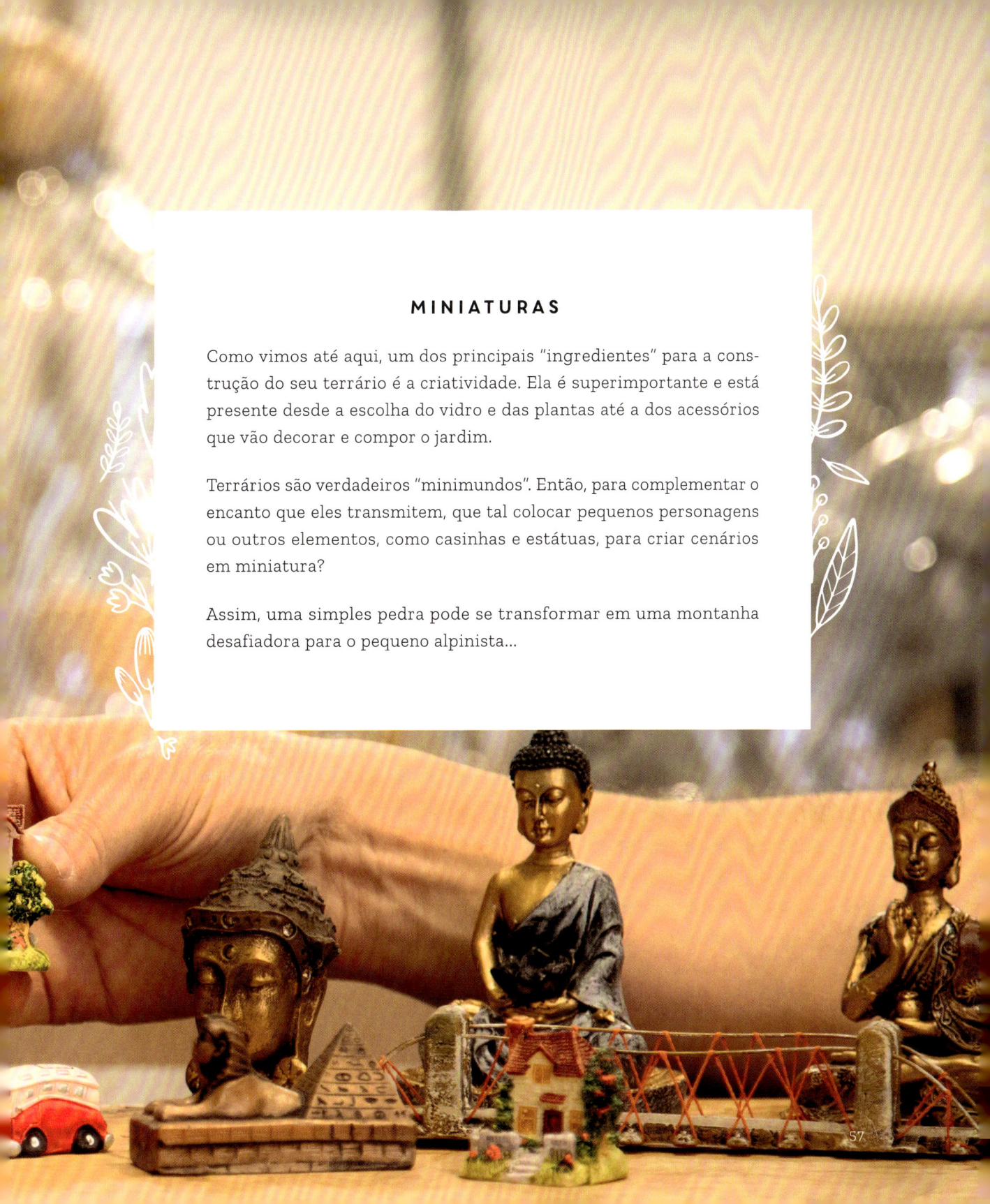

Como vimos até aqui, um dos principais "ingredientes" para a construção do seu terrário é a criatividade. Ela é superimportante e está presente desde a escolha do vidro e das plantas até a dos acessórios que vão decorar e compor o jardim.

Terrários são verdadeiros "minimundos". Então, para complementar o encanto que eles transmitem, que tal colocar pequenos personagens ou outros elementos, como casinhas e estátuas, para criar cenários em miniatura?

Assim, uma simples pedra pode se transformar em uma montanha desafiadora para o pequeno alpinista...

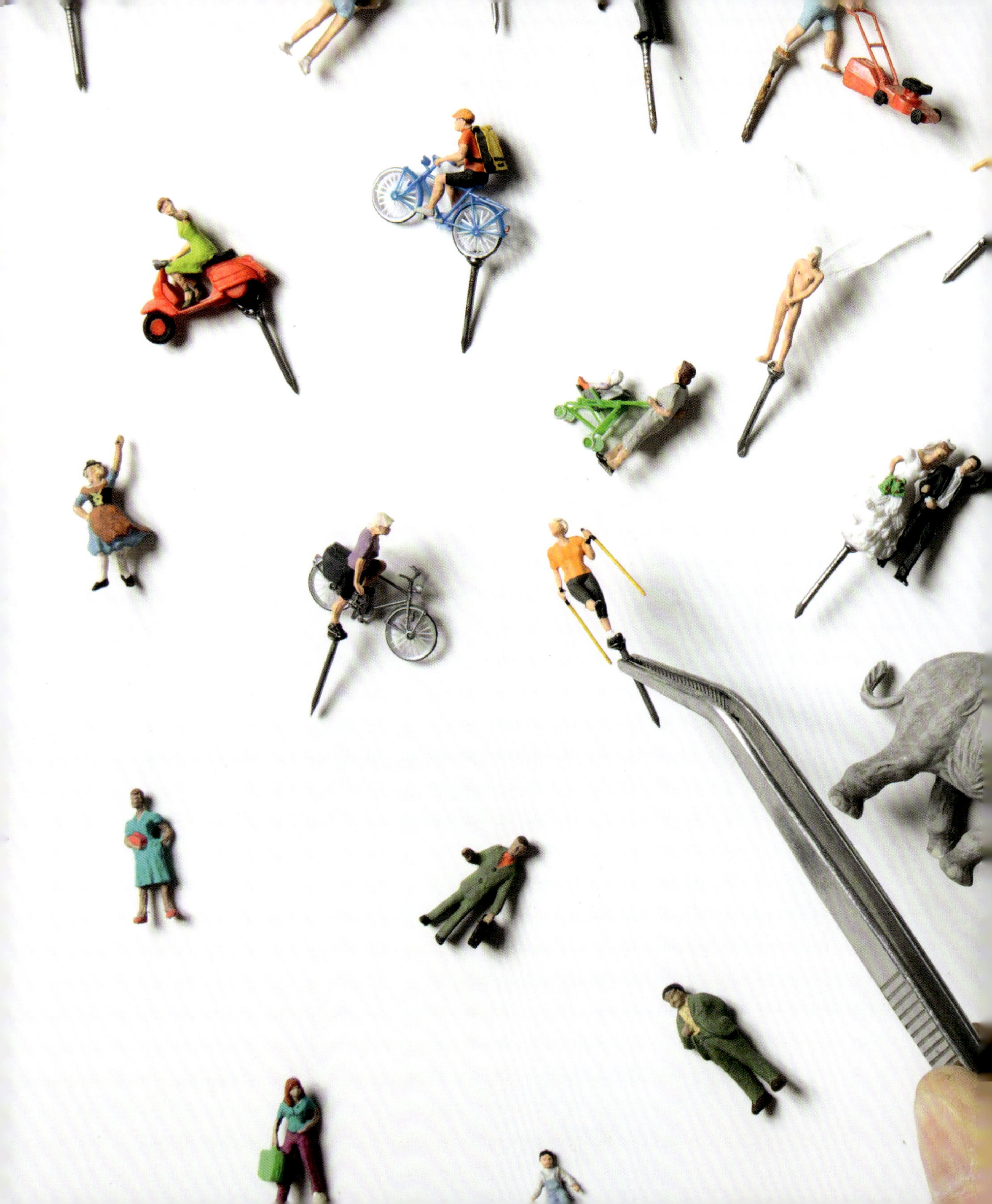

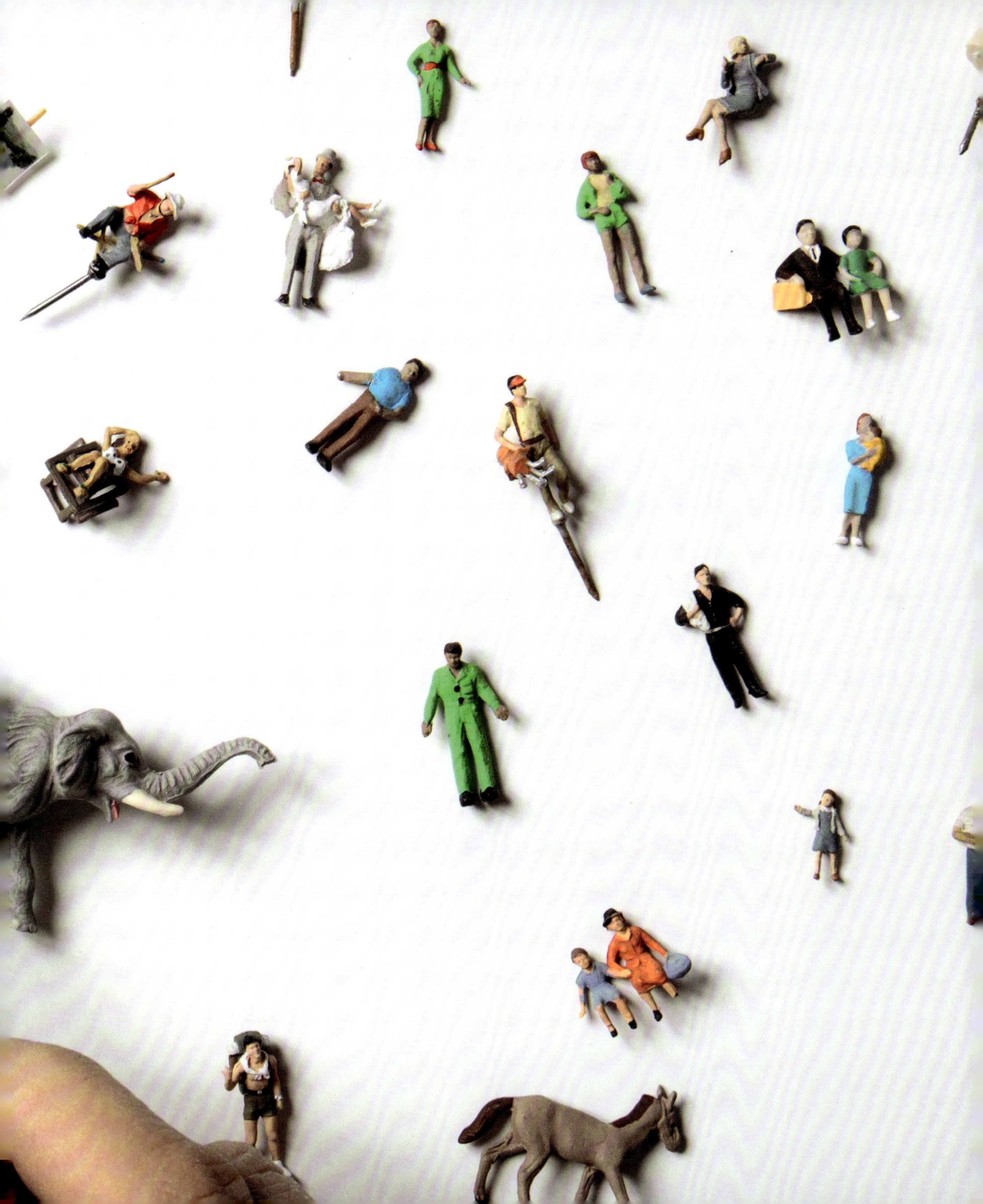

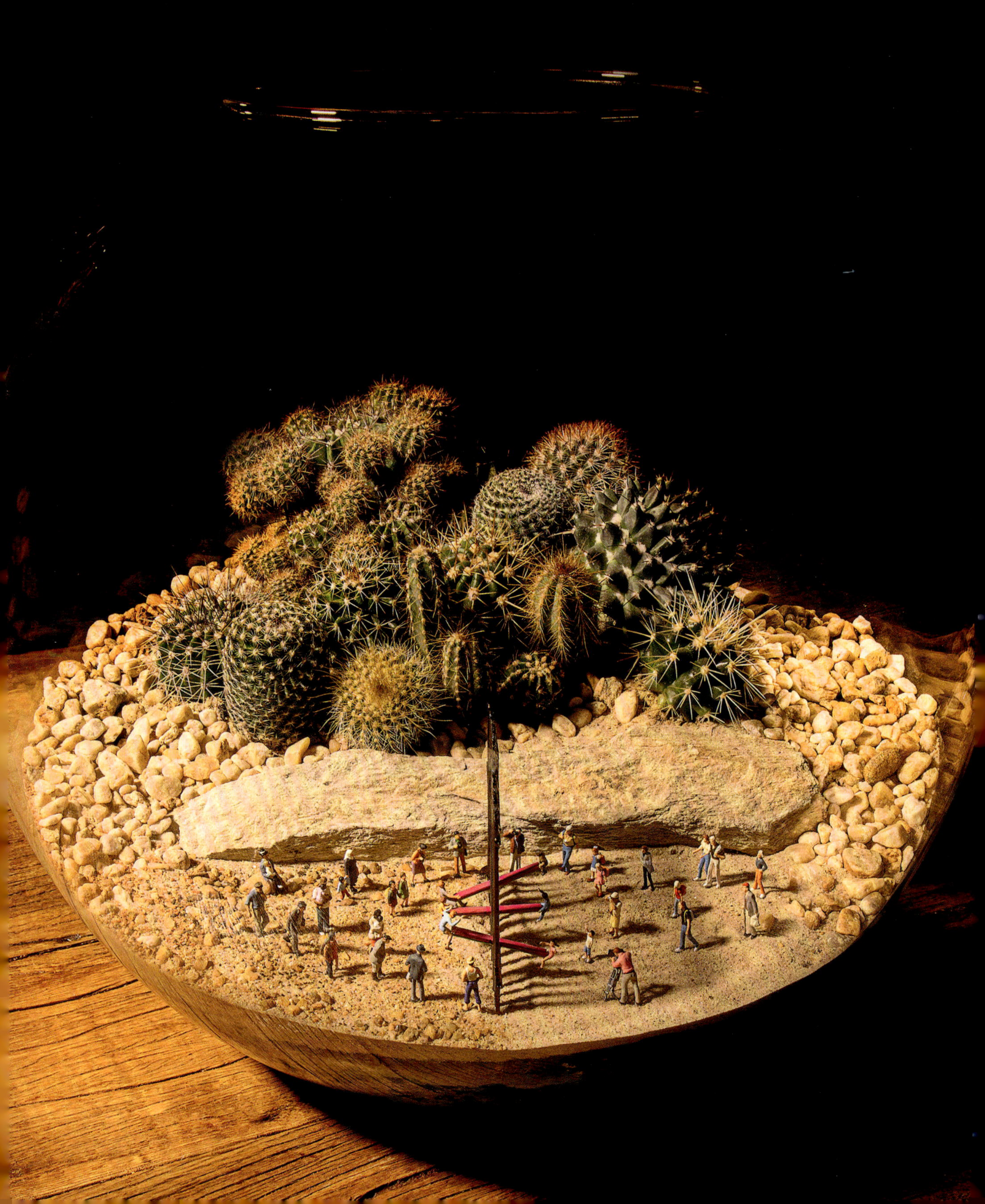

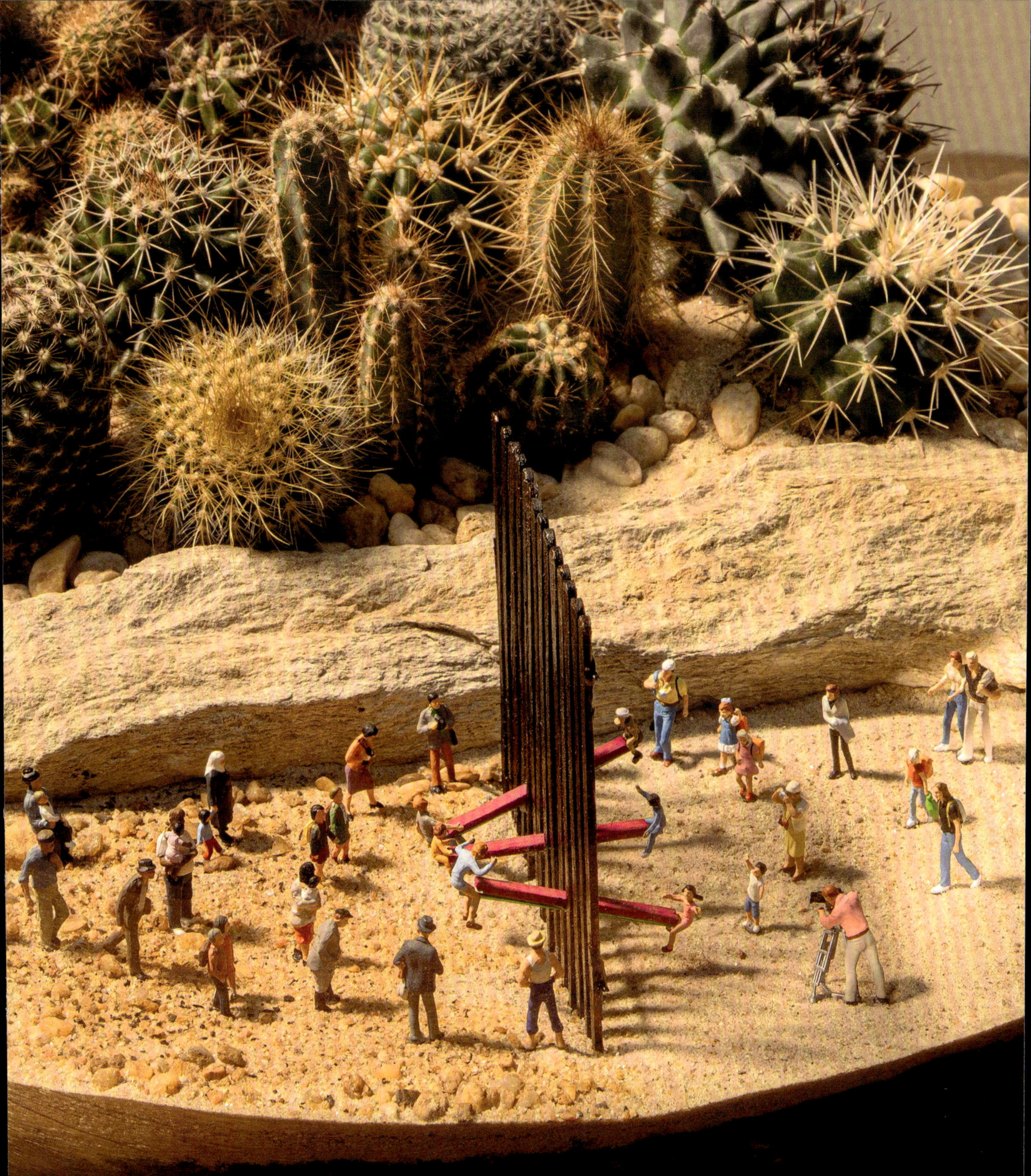

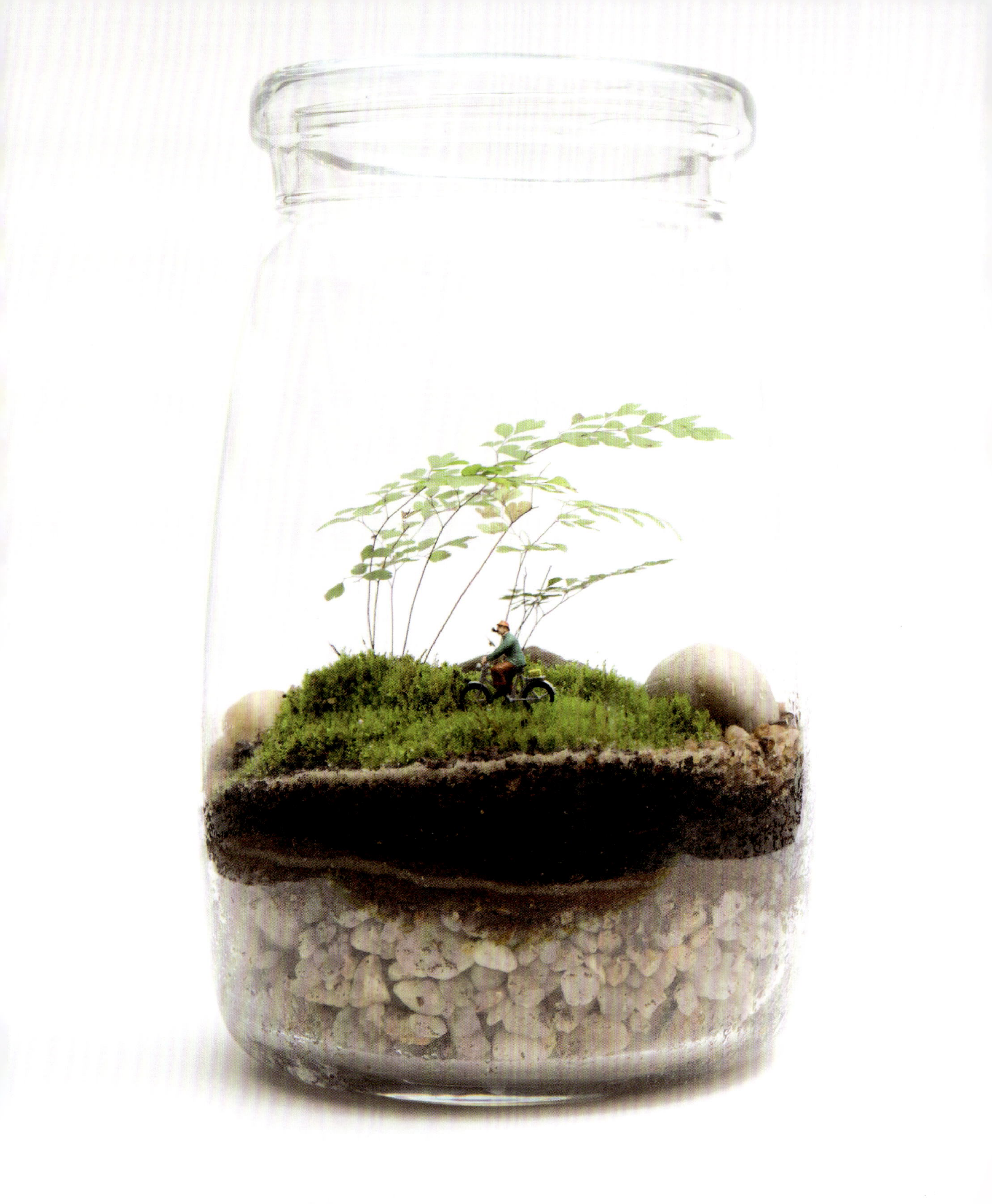

O ciclista pode aproveitar
para percorrer todo o interior
de um lindo bosque, criado
no jardim...

Um Buda, uma esfinge ou uma pirâmide, trazidos como *souvenir* de uma viagem e que muitas vezes ficaram esquecidos em um armário ou uma estante, podem se transformar em monumentos do seu terrário ou minijardim.

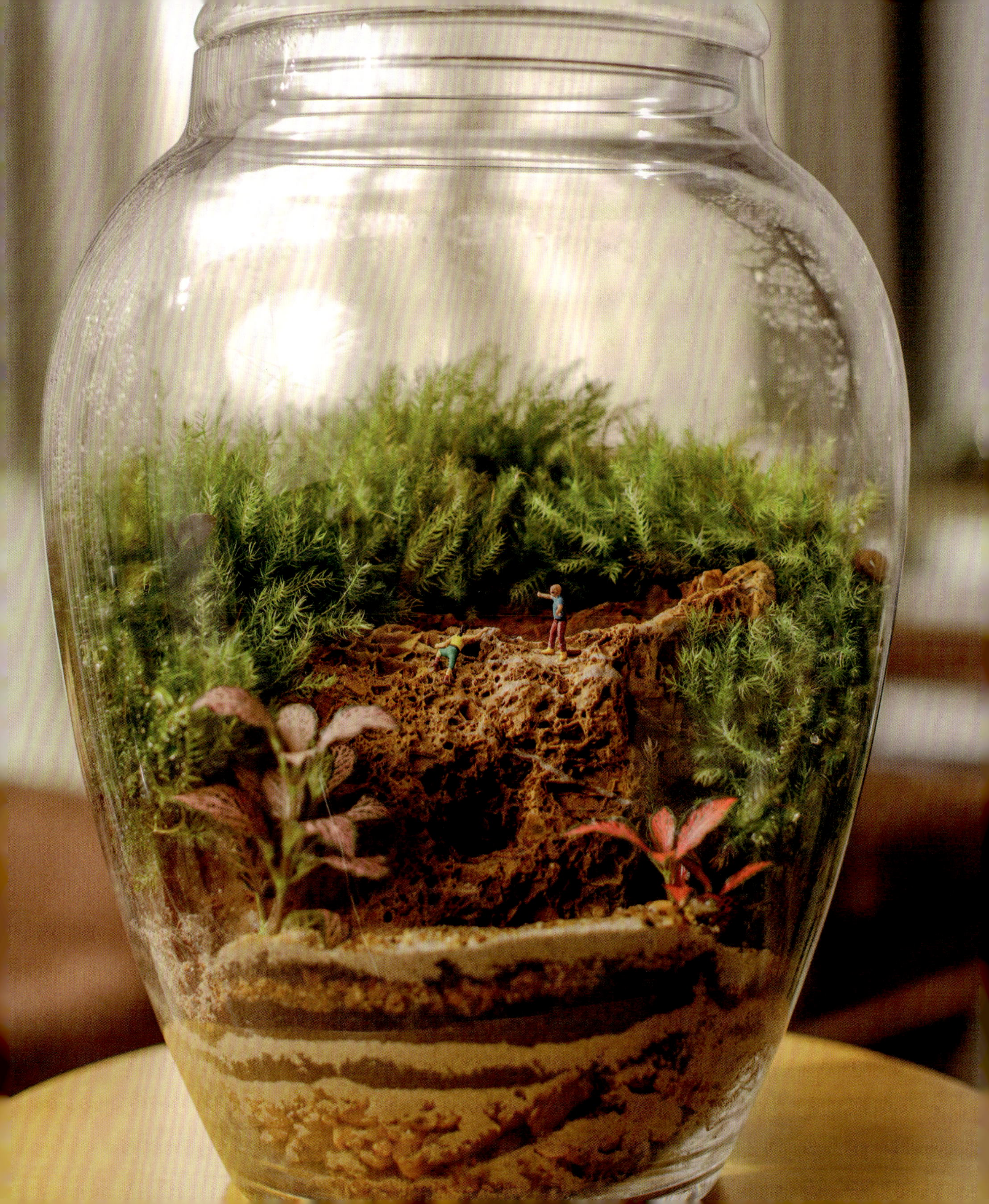

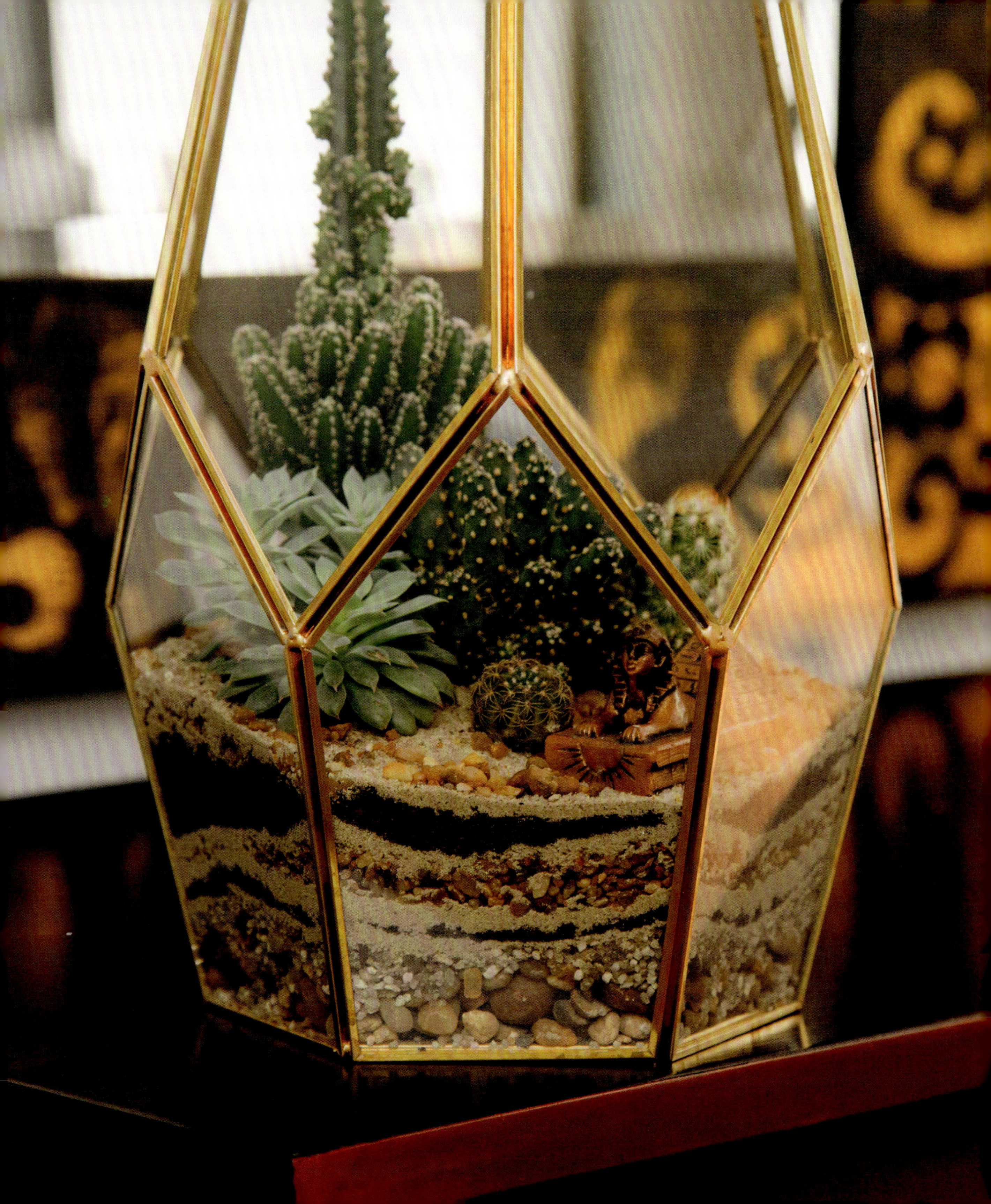

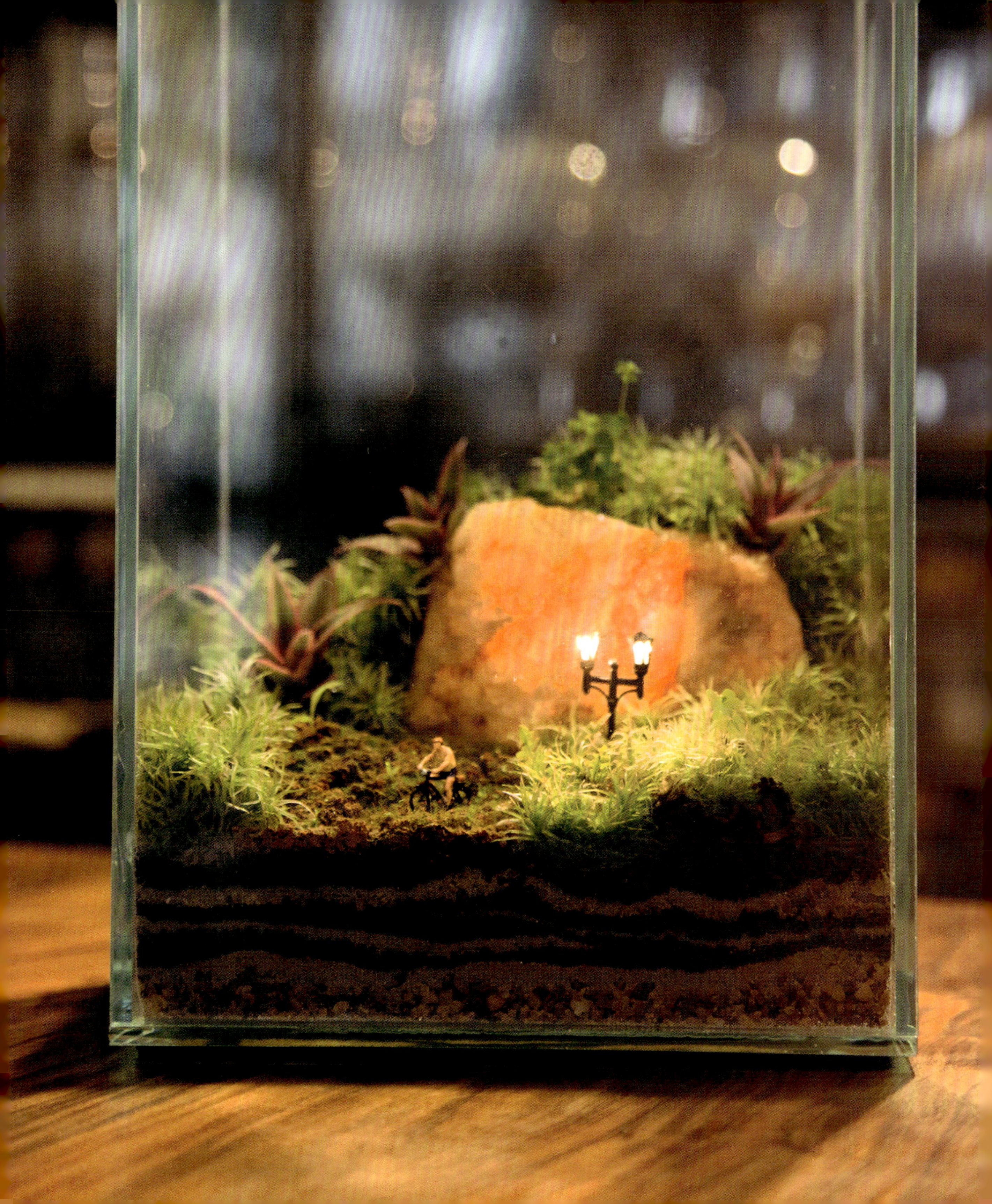

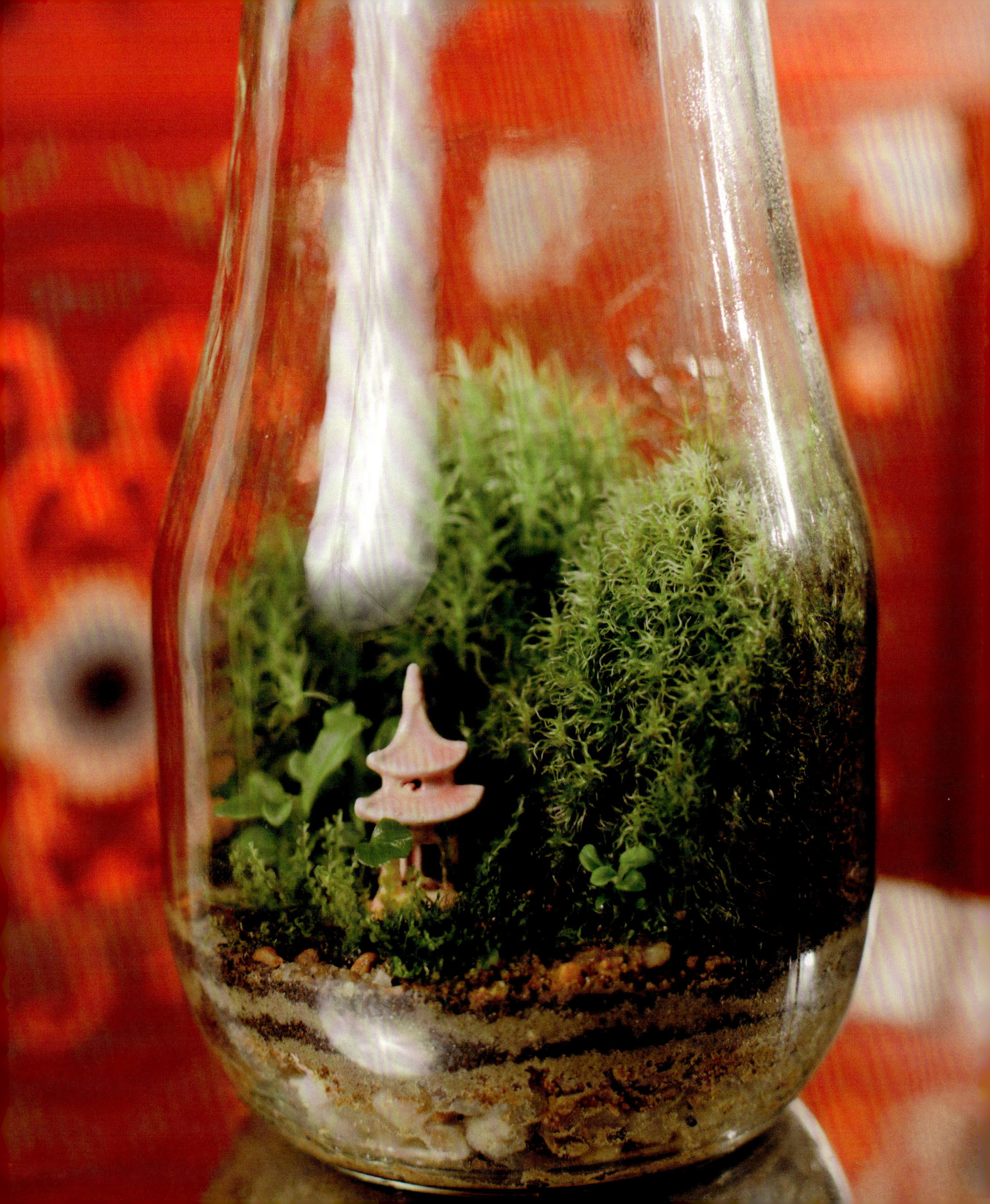

Tudo é possível nesses universos de tamanho reduzido. Por isso, deixe sua imaginação fluir e mãos à obra!

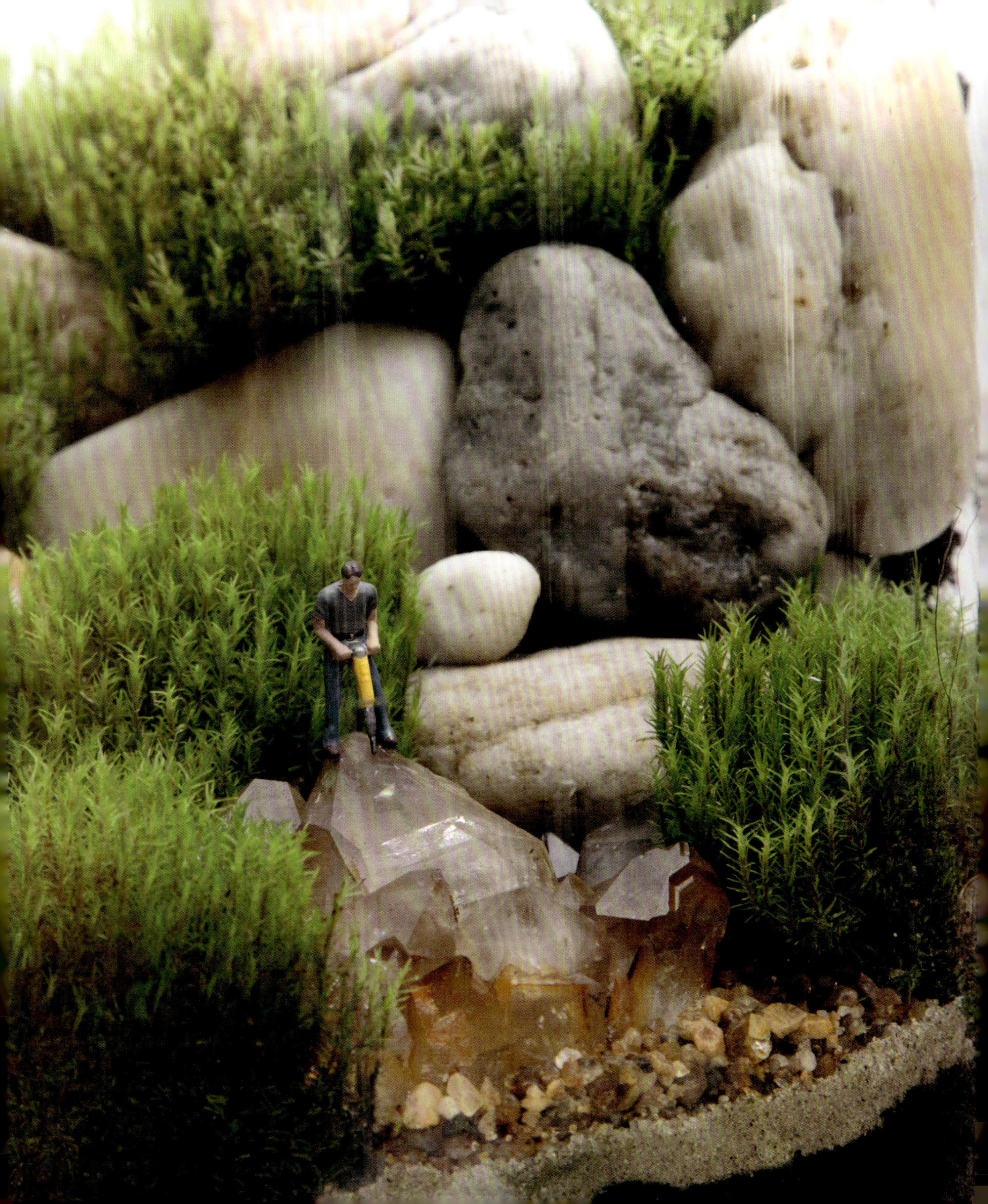

PASSO A PASSO PARA CRIAR SEU PRÓPRIO TERRÁRIO

DEZ PASSOS PARA CRIAR SEU TERRÁRIO

Após escolher o recipiente, as bases (a terra, os pedriscos e as pedras), as plantas e todos os objetos que vão compor o cenário do seu jardim, chegou a hora de começar a montá-lo.

Tanto para o terrário fechado quanto para o aberto, os passos iniciais são os mesmos, e a forma de construir só se diferencia a partir da etapa da escolha e colocação das plantas. Por isso, a seguir vamos elencar os passos básicos, que são essenciais em ambos os casos, e depois você pode acompanhar de acordo com o tipo que escolheu – o terrário fechado na página 78 ou o minijardim (aberto) na página 81.

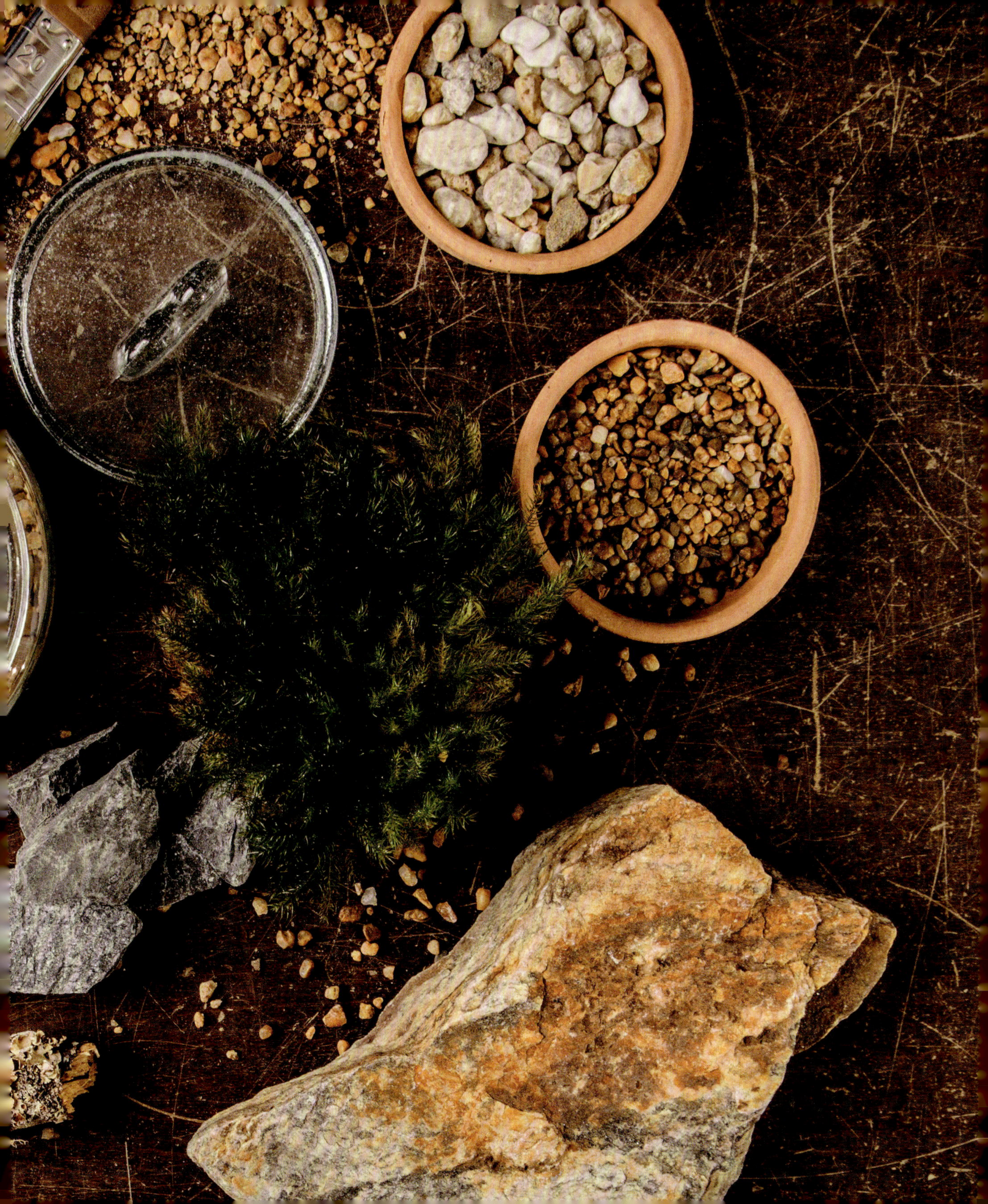

Material necessário

Antes de começar, relembre e separe todo o material necessário para a montagem, o qual deve incluir, por exemplo:

- uma esponja, sabão ou detergente neutro e um pano limpo e seco ou papel-toalha (para a limpeza do vidro/recipiente);

- um vidro com tampa (para terrários fechados) ou um recipiente sem tampa (para minijardins);

- seixos médios, pedriscos, areia de diversas tonalidades, pedras maiores e terra (substrato) de boa qualidade;

- pincel, pinça, palito e rolha (ferramentas para auxiliar o manuseio e a montagem);

- plantas com características semelhantes e adequadas para cada tipo de jardim;

- borrifador, pipeta, seringa ou um tubo com dosador (para a rega).

**PASSO
A PASSO
BÁSICO**

1. Utilizando a esponja, lave o vidro ou o recipiente escolhido com água e detergente neutro. Nessa etapa é muito importante enxaguar bem e retirar todo o excesso de espuma para que resíduos de detergente não fiquem no interior do terrário/minijardim. Em seguida, seque-o usando um pano seco e limpo ou um papel-toalha.

2. Comece fazendo uma camada para a drenagem, colocando delicadamente os pedriscos – de preferência com granulometria média – na parte de baixo do vidro/recipiente. Se preferir, você também pode utilizar pedriscos mais finos sobre os médios e finalizar com uma camada de areia, para que a terra não penetre na camada de drenagem. Essa camada não deve ultrapassar ¹/₄ da altura do vidro.

3. Agora faça uma camada de terra/substrato. A espessura vai depender da altura do vidro; mas, junto à camada de drenagem, as duas não devem ultrapassar ⅓ da altura total do vidro.

Você pode ir acertando o nível com um pincel e, para decorar, também pode intercalar uma camada grossa de terra e uma fina de areia ou pedrisco. É possível formar um desenho interessante no fundo do terrário – o que, além de ficar bonito, simula o subsolo de um jardim. Quanto mais irregular, mais bonito fica!

Observação: Se você for criar um minijardim de suculentas e/ou cactos, substitua metade do substrato a ser utilizado por areia limpa. Essa mistura é ideal para esse tipo de vegetação, pois permite que a água escorra mais facilmente e não fique acumulada na terra.

4. Retire as plantas dos vasos plásticos apertando a borda do fundo e soltando lentamente as raízes. Delicadeza é muito importante nesse momento para que as raízes não sejam danificadas.

Após soltar a planta do vaso, comece a retirar o excesso de terra em volta dela, deixando apenas as raízes soltas. Se estiver trabalhando com folhagens e achar necessário, você também pode fazer pequenas podas na plantinha com o auxílio de uma tesoura.

5. Usando a mão ou uma colher, abra pequenas covas na terra nos pontos em que deseja posicionar as plantinhas.

A base está pronta! Agora podemos iniciar o plantio.

Terrários fechados
(continuação)

6. Coloque as plantas nas covinhas com cuidado, ajeitando suas raízes e cobrindo-as com a terra ao redor. Nivele com as mãos ou com a ajuda do socador. Esse processo deve ser repetido com todas as plantas que vão compor seu terrário.

Uma dica importante nesse momento é colocar as mudas mais altas (como lírios, antúrios e outras espécies) no ponto mais central, em seguida as plantas de altura média e assim por diante – ou seja, ir reduzindo a altura à medida que for se aproximando da parte mais externa do vidro. Isso deixará seu terrário mais bonito, possibilitando você enxergar todas as espécies de plantas, o que também facilita no acompanhamento – isto é, ajuda a se certificar de que todas permanecem saudáveis e estão recebendo a quantidade de luz necessária.

7. É importante ir fazendo a limpeza do vidro com um pincel durante a execução das etapas, para evitar que a terra e outros resíduos se acumulem ali. Quanto mais limpo estiver, mais bonito vai ficar o trabalho.

8. Após preencher a maior parte do terrário com as plantas maiores e as menores, parta para a finalização ou o acabamento. Nessa etapa, você pode utilizar a areia e os pedriscos novamente, bem como rochas maiores, galhos e miniaturas; pode até simular água usando areia em tons de azul e tudo mais que sua imaginação permitir. Se for necessário, use o socador, o pincel ou uma pinça para ajeitar os detalhes.

Para terminar, cubra com areia ou pedriscos toda a camada de substrato que ainda estiver visível na superfície do terrário.

9. Chegou a hora de fazer a primeira rega do seu terrário!

Não existe uma quantidade certa de água a ser colocada – isso vai depender do tamanho do vidro ou da quantidade de plantas e de substrato presentes. Você pode espirrar água nas paredes do vidro utilizando um borrifador (ou uma pipeta e até mesmo uma seringa, se forem vidros menores) e ir observando a mudança de coloração da terra. À medida que a água penetra, ela vai ficando mais escura, com aquele aspecto de terra molhada. Pare de colocar água quando a terra já estiver bem úmida, mas sem ficar encharcada.

Observação: lembre-se de nunca colocar água diretamente sobre as plantas!

10. Agora é só tampar o seu terrário e colocá-lo em um local que receba bastante claridade (luz natural), mas sem a presença de sol direto ou calor excessivo, pois isso pode fazer com que as plantas morram e que alguns microrganismos (como fungos) se proliferem.

Quando regar novamente?

A rega dos terrários fechados geralmente é feita a cada dois ou três meses. Em alguns casos nos quais o vidro é bem fechado e a evaporação de água é mínima, esse tempo pode chegar a até seis ou oito meses. Veja mais detalhes sobre os cuidados com a rega na página 88.

Minijardins
(continuação)

6. Após fazer a base do jardim e as covinhas, retire os cactos e as suculentas dos vasos, arrume as raízes e coloque-os nas pequenas covas, ajeitando com as mãos ou com o auxílio de uma colher ou de um socador. Esse processo deve ser repetido com todas as plantas que vão compor seu minijardim. Lembre-se de usar os EPIs quando necessário.

Não se esqueça também de colocar as plantas mais altas no centro do recipiente e ir reduzindo a altura à medida que for se aproximando da frente do terrário; assim você terá um jardim mais bonito e ajudará a garantir que todas as plantas recebam a quantidade de luz necessária.

Além disso, quando for colocar as suculentas, você pode posicioná-las de forma que fiquem ligeiramente inclinadas, para que apareçam mais e deem um charme todo especial ao seu jardim.

7. É importante ir fazendo a limpeza do vidro e das plantas com um pincel macio durante a execução das etapas, para evitar que a terra e outros resíduos se acumulem. Quanto mais limpo, mais bonito vai ficar o trabalho.

8. Após preencher a maior parte do jardim com as plantas maiores, você pode partir para o acabamento. Cubra toda a superfície de terra que ainda estiver aparente com areia e pedriscos pequenos.

Você também pode preencher os espaços maiores com suculentas de pequeno porte. Para facilitar esse plantio, pulverize uma pequena quantidade de água sobre a areia, só para umidificar a superfície, e em seguida faça pequenos furos com o cabo do pincel ou com os próprios dedos (no caso de caules mais grossos). Com a ajuda de uma pinça, introduza o caule da suculenta na terra e arrume o espaço em torno dela com o socador.

Após colocar todas as plantas, você pode utilizar rochas maiores, galhos, miniaturas; pode até simular água com areia em tons de azul e tudo mais que sua imaginação permitir. Para finalizar, você também pode utilizar um funil com uma pequena mangueira para dar o acabamento necessário, preenchendo assim todos os cantinhos que ainda aparecem no substrato.

9. Chegou a hora de fazer a primeira rega do seu minijardim!

Utilizando um borrifador, uma pipeta ou uma seringa, espirre ou pingue a água até que ela penetre na terra. Cuidado para não molhar apenas as pedrinhas na superfície do minijardim – a água tem de chegar até onde estão as raízes das plantas! Por isso, uma dica importante é ir molhando e ao mesmo tempo observando a mudança de coloração da terra, já que ela vai ficando mais escura à medida que a água vai penetrando. Lembre-se de que você está utilizando plantas que necessitam de pouca água, então cuidado para não encharcar seu jardim logo na primeira rega.

Observação: lembre-se de nunca colocar água diretamente sobre as plantas!

10. Agora é só colocar o seu minijardim em um local que receba muita luz natural e de preferência que fique sob o sol direto por pelo menos dois ou três dias da semana.

Quando regar novamente?

As regas dos minijardins de cactos e suculentas devem ser feitas em espaços de quinze a vinte dias, dependendo do local onde as plantas estão expostas. (Antes de regar, verifique se a terra está completamente seca, assim você evita o acúmulo de água no fundo do recipiente.)

Já os minijardins feitos somente com folhagens precisam de mais água e podem ser regados uma ou duas vezes por semana, dependendo do local onde as plantas ficam expostas.

Na página 88 há mais alguns detalhes sobre os cuidados com a rega.

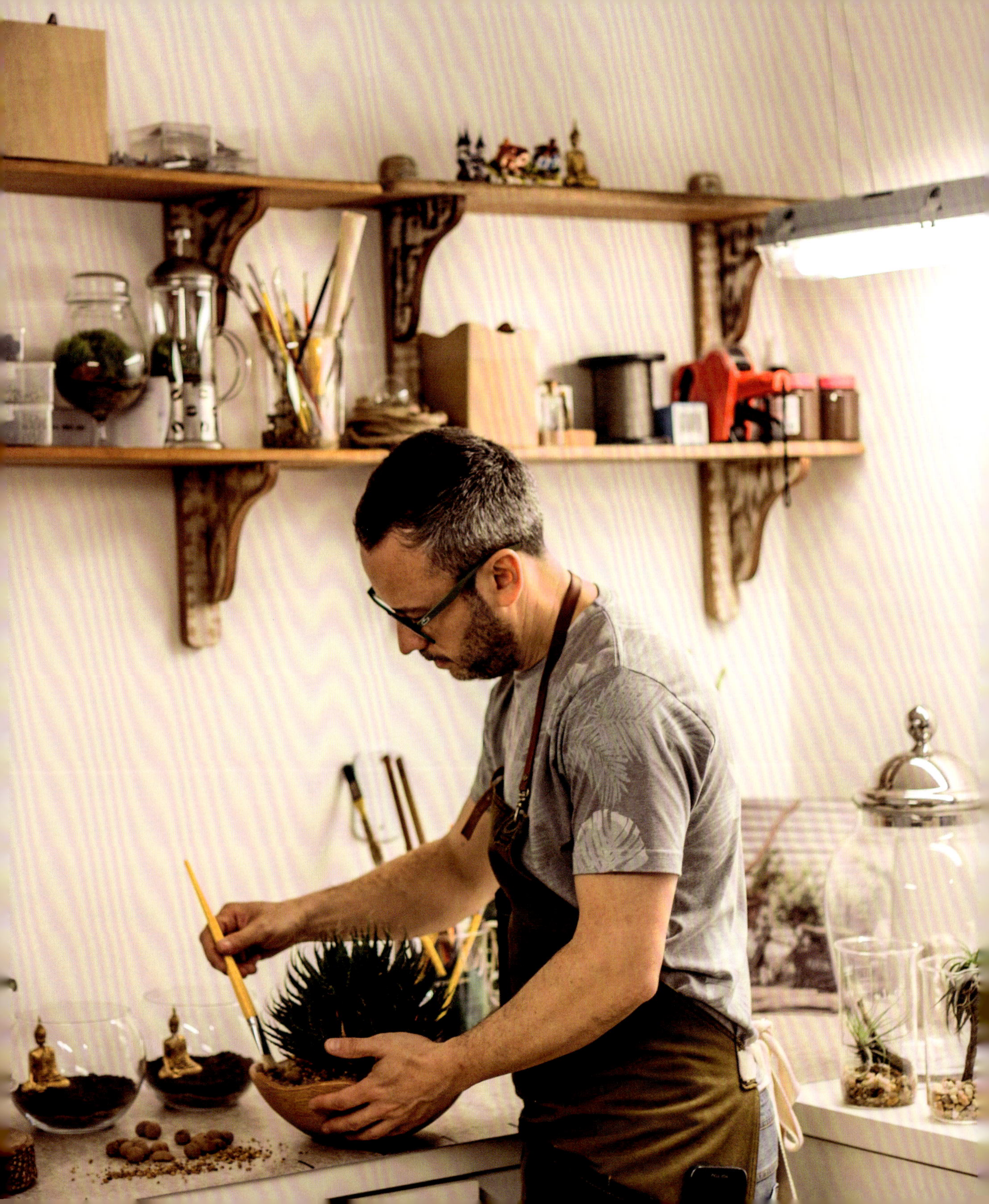

MANTENDO SEU TERRÁRIO SAUDÁVEL

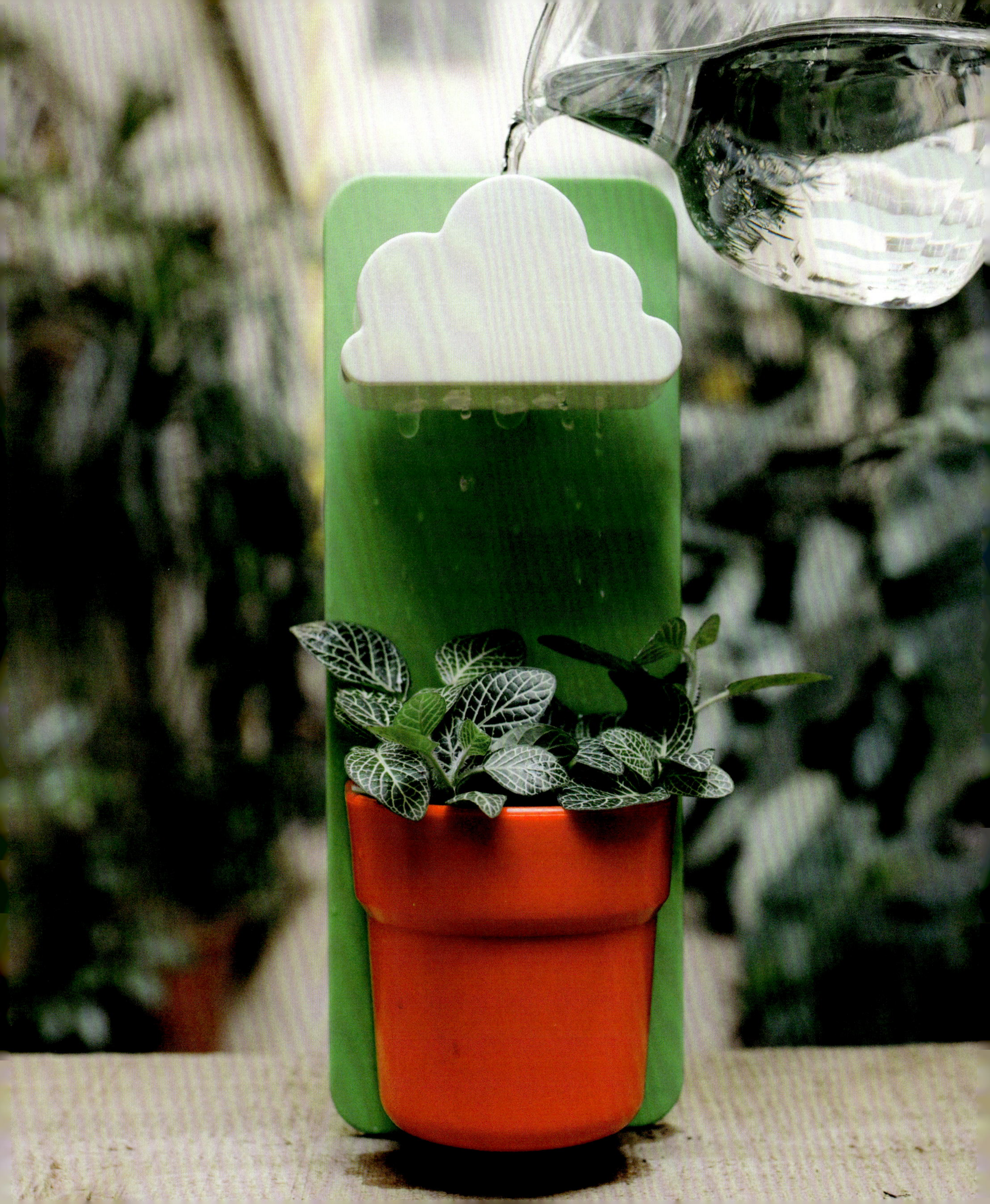

DICAS DE MANUTENÇÃO E DÚVIDAS FREQUENTES

Ainda que a frequência de manutenção seja bem menor que a de um jardim tradicional, alguns cuidados são igualmente importantes para que seu terrário continue bonito e saudável por muitos anos. Esses cuidados incluem, por exemplo, a atenção com o local de exposição e com as regas, bem como a realização de alguns procedimentos de limpeza.

Listamos a seguir alguns temas e perguntas frequentes para que você tire suas últimas dúvidas e consiga manter seu terrário ou minijardim lindo por muito tempo.

Em qual local devo deixar o meu terrário, no sol ou na sombra?
Depende do tipo de terrário. Os fechados precisam de luz natural, necessária para que a planta realize a fotossíntese, mas nunca devem ser expostos ao sol direto ou ao calor intenso. Algumas plantas inclusive se adaptam bem à luz artificial fria (o musgo em especial), mas ela nunca será tão benéfica quanto a luz natural.

Os minijardins geralmente podem ficar mais expostos à luz solar direta, por conterem plantas do deserto. Se não tiver sol todos os dias, você pode revezar, deixando o jardim alguns dias em um local com muita luz natural e pelo menos dois ou três dias da semana sob o sol direto.

Tenho que manter meu terrário aberto ou fechado?
Se ficar fechado, as plantinhas não vão sofrer?
Se você optar pelo terrário fechado, ele deve permanecer quase sempre assim, pois, como vimos anteriormente, o ecossistema que ali se forma é autossustentável, exigindo que você abra somente quando for regar ou fazer a limpeza. Se realizar a rega no tempo certo e observar os cuidados com a luminosidade, as plantinhas vão se adaptar e viver bem!

Se você mantiver o vidro aberto, porém, o terrário deixa de ser um ecossistema fechado, o que significa que você terá de fazer a rega com uma frequência bem maior. (Lembrando que os minijardins feitos com cactos e suculentas geralmente são deixados abertos. Algumas espécies podem até ficar fechadas, porém a umidade dentro do vidro pode se tornar um problema; então, o melhor mesmo é deixar essas plantinhas nos jardins abertos.)

Como devo fazer a rega do meu terrário?
De quanto em quanto tempo e qual a quantidade de água devo colocar?
Como vimos, a rega é um dos pontos mais importantes para garantir que seu terrário dure muitos anos. Ela pode ser feita usando alguns acessórios simples, como o borrifador (no caso de recipientes maiores) ou uma pipeta, um conta-gotas e até mesmo uma seringa no caso dos vidros menores ou com boca mais estreita.

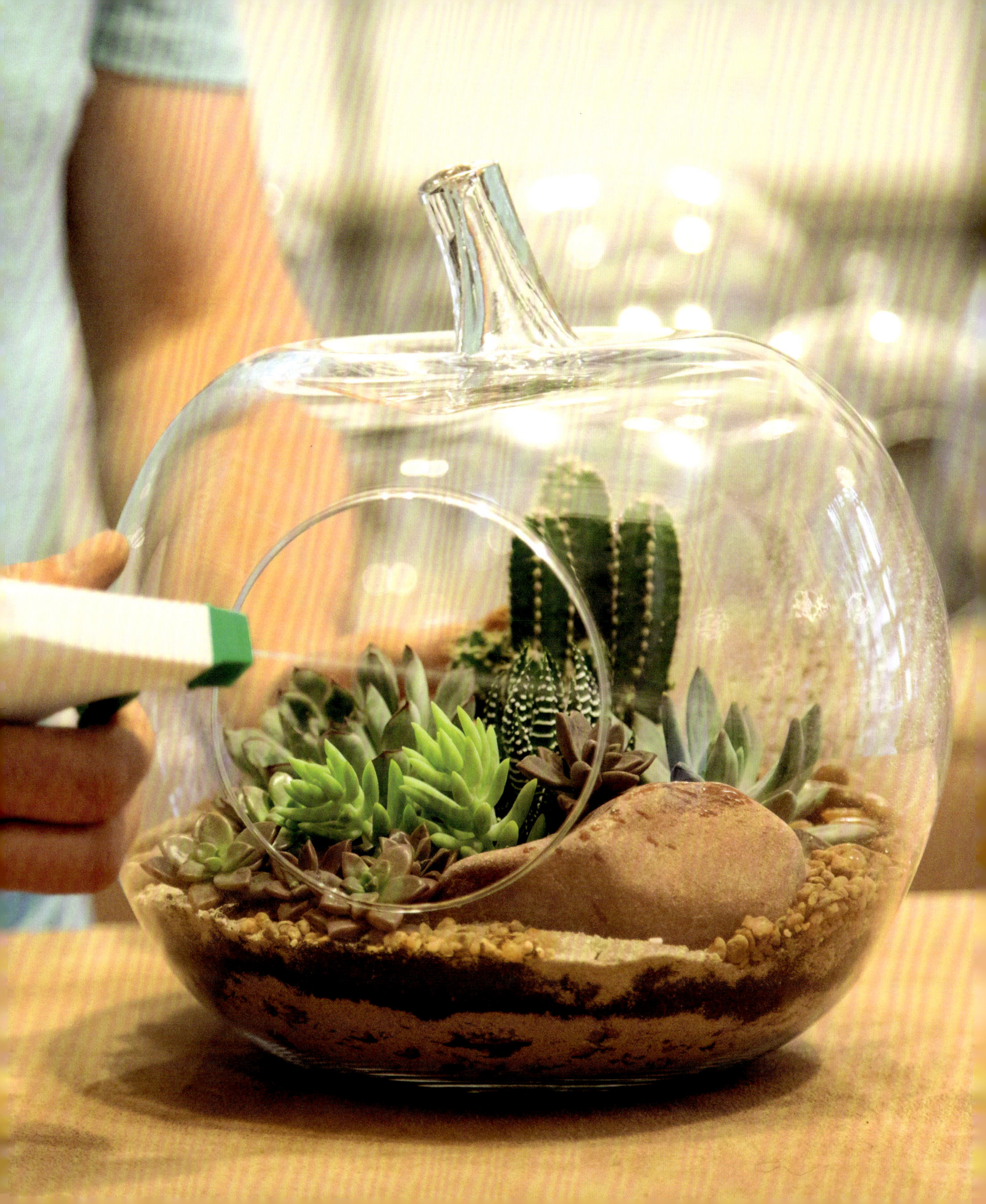

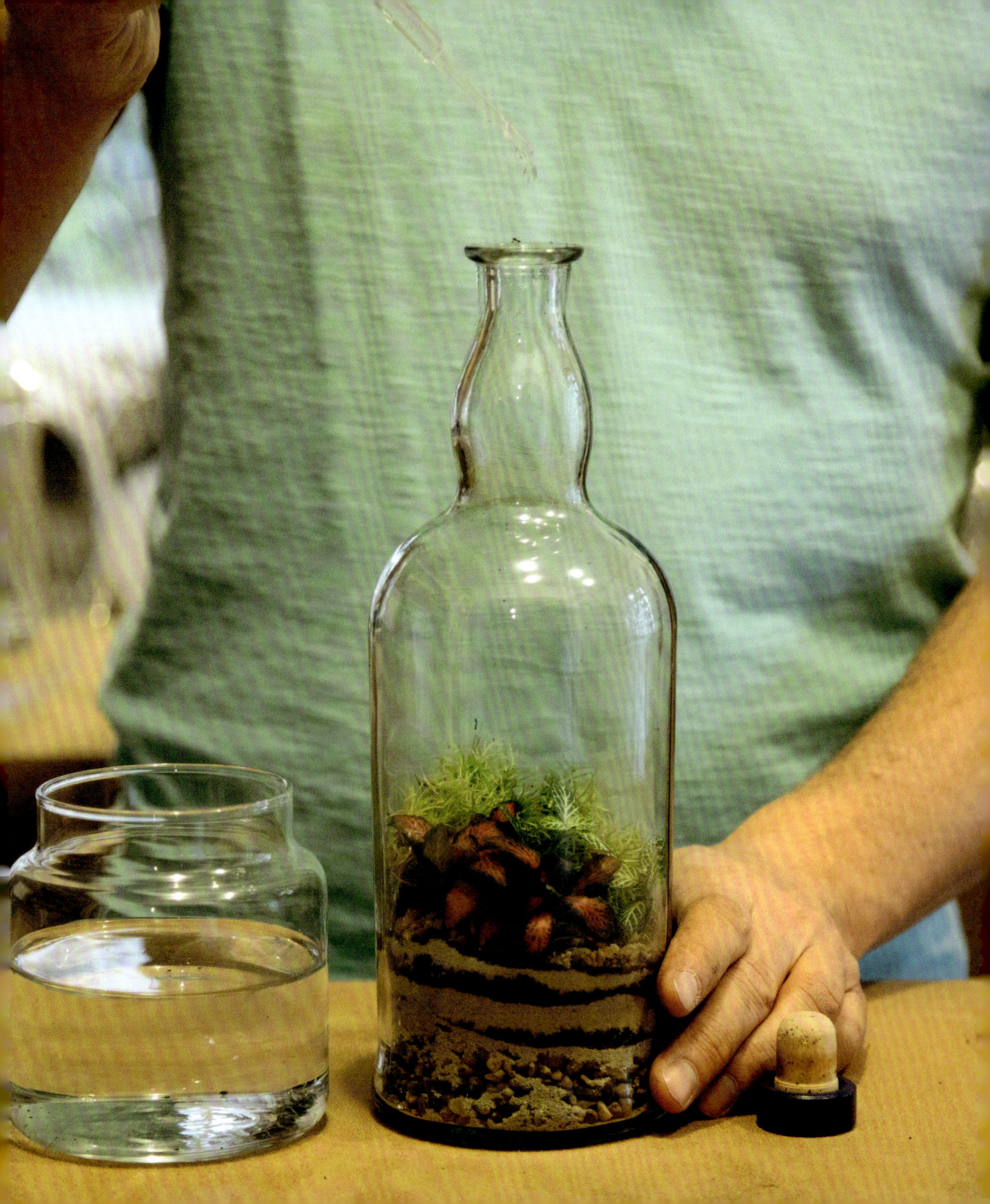

A quantidade de água utilizada vai variar dependendo do tipo de terrário, do tamanho do vidro, da quantidade e do tipo de plantas que ele contém. Os terrários fechados devem ser regados mais ou menos a cada dois ou três meses; enquanto os minijardins com suculentas ou cactos devem ser regados a cada quinze ou vinte dias, dependendo do local onde ficarão expostos. Mas essa é apenas uma média: para saber se é o momento certo de regar, observe os seguintes cuidados:

- O teste para saber se seu minijardim realmente necessita de água é muito simples e pode ser feito introduzindo o dedo ou um palitinho na terra: se ela ainda estiver úmida, você não precisa regar o jardim; mas se estiver seca significa que é a hora de regar novamente.

- Nos terrários fechados, enquanto a terra estiver bem escura e houver gotículas de água nas paredes do vidro significa que existe água no ecossistema e, portanto, ainda não está na hora de regar novamente. Quando a terra começar a clarear, os grãos começarem a se separar e o vidro já não tiver mais com umidade, chegou a hora de regar seu terrário de novo.

É importante destacar que, ao regar um terrário, independentemente do tipo, você deve sempre umedecer a terra **sem deixar encharcar.**

Outro fator importante a se observar é o clima externo: nas épocas do ano em que ele está mais quente e seco, a evaporação será maior e, portanto, o intervalo entre as regas deve ser menor para evitar que a terra e as plantas sequem demais. Em épocas mais úmidas, a evaporação será menor e consequentemente o intervalo entre as regas poderá ser maior.

Preciso limpar o vidro do meu terrário?
E de quanto em quanto tempo?
Por ser um ambiente úmido, o terrário pode favorecer a proliferação de microrganismos em seu interior; por isso, com o passar do tempo, o vidro pode ficar com um aspecto sujo. Não se assuste, isso é natural. Abra e faça a limpeza utilizando um pano seco e limpo ou um papel-toalha. Nunca use produtos químicos, como detergente ou álcool, pois eles podem prejudicar suas plantas.

Se o seu terrário tiver uma abertura grande, fica mais fácil fazer essa limpeza; mas, se a boca do recipiente for bem estreita, utilize um pincel ou uma vareta com um pedacinho de papel-toalha ou pano na ponta para esfregar as paredes do vidro.

Sempre que for regar o seu terrário você pode aproveitar e verificar a condição do vidro para saber se ele precisa dessa limpeza. Muitas vezes também podemos aproveitar a própria água da rega para ajudar a limpar o recipiente.

Preciso retirar folhas secas do meu terrário?
E se alguma plantinha morrer, preciso retirá-la?
Plantas sem vida e folhas secas dentro de um terrário podem fazer com que fungos indesejáveis se proliferem. Por isso, é importante retirá-las sempre que possível.

Se apenas uma plantinha morreu e o restante do terrário estiver bem e saudável, não se desespere: faça a substituição da plantinha morta por outra, utilizando uma pinça para auxiliar, se for o caso. Lembrando que é essencial substitui-la por espécies de plantas com a mesma necessidade de luminosidade e rega que aquelas que já existem no terrário. Se tiver dúvidas, consulte novamente a página 46 (ou o vendedor na hora da compra).

O meu terrário é fechado com uma rolha de cortiça e ela está ficando embolorada. O que devo fazer?
Isso pode acontecer, mas não se preocupe: retire a rolha e lave-a com esponja e sabão neutro, depois deixe secar antes de recolocá-la. Nesse período em que a rolha estiver secando, tampe o seu terrário provisoriamente com plástico-filme ou outra rolha.

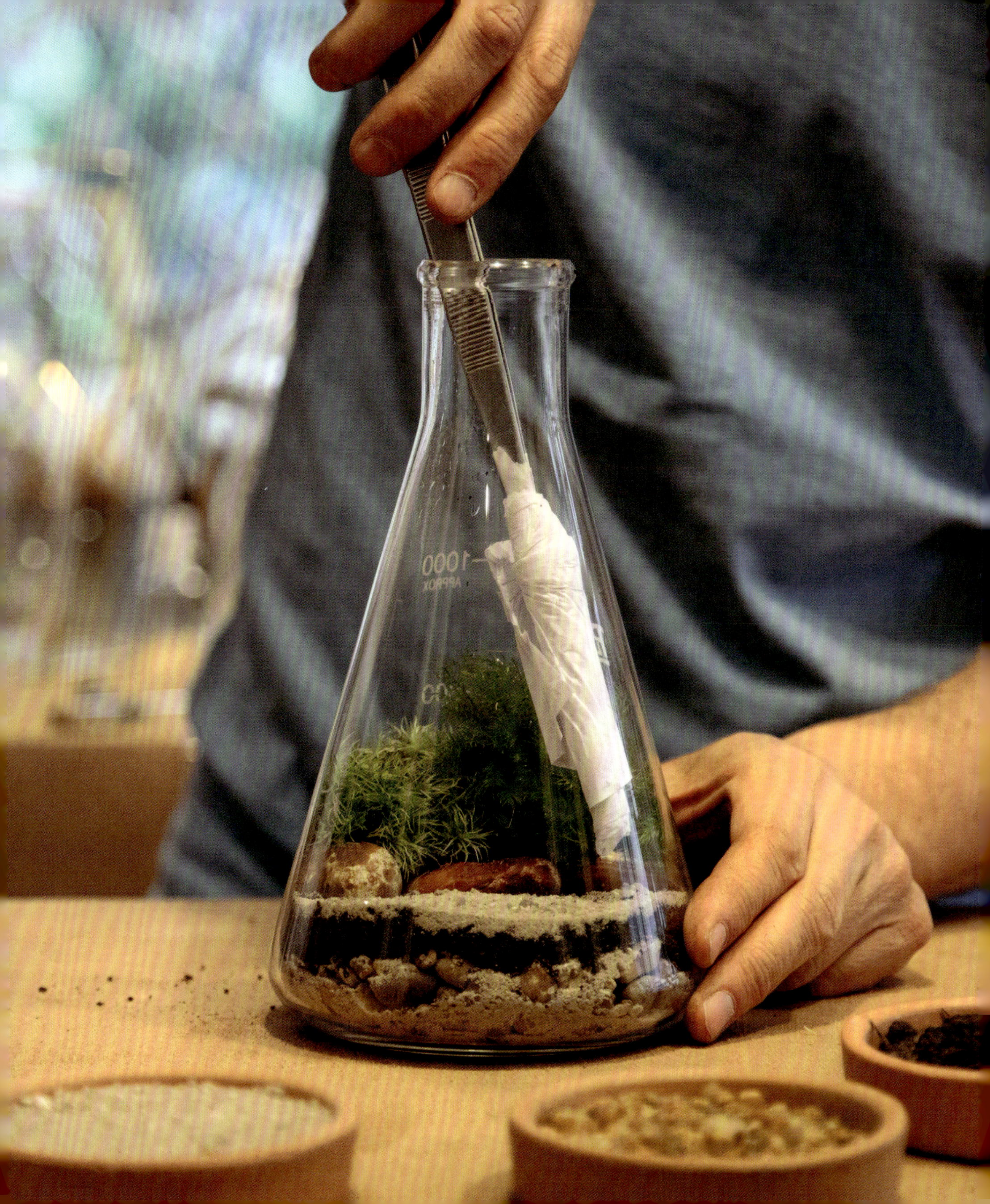
1000
APPROX

Os musgos e as plantas do meu terrário estão ficando escuros. Por que isso acontece e o que devo fazer?

Um dos motivos do escurecimento da vegetação pode ser a falta de iluminação natural. Para saber se a luz que as plantas estão recebendo é suficiente, uma dica é ficar bem próximo ao local em que seu terrário está e tentar ler uma bula de remédio durante o dia e com as luzes artificiais apagadas. Se você conseguir ler sem dificuldades, a iluminação está adequada.

Outro problema que pode estar causando o escurecimento das plantas é o excesso de água. Nesse caso, provavelmente as paredes do vidro também estarão bem molhadas, fora do normal. Para solucionar, você pode deixar o terrário um pouco aberto até evaporar parte da água, durante um período que pode variar de acordo com a quantidade de água no interior da peça.

No entanto, vale ressaltar que essas duas ações só surtirão efeito se o problema não persistir por muito tempo, ou seja, se as plantas ficarem com pouca luz ou com muita água apenas por alguns dias; assim, aplicando essas soluções simples, possivelmente elas vão reagir bem e o terrário voltará a ficar saudável. Porém, se permanecerem nessas condições por um longo período, dificilmente as plantas vão se recuperar – nesse caso, o ideal é retirá-las do terrário e refazer a peça, partindo do começo e substituindo-as por novas mudas.

As suculentas do meu minijardim estão crescendo fininhas e com uma coloração esbranquiçada... O que devo fazer?

Já vimos anteriormente que suculentas e cactos são plantas do deserto, por isso elas estão acostumadas a ficar sob o sol o dia todo, todos os dias da semana. Quando as retiramos desse ambiente e as colocamos em um local sem sol, elas sentem a diferença e começam a ter esse crescimento anormal, que se chama estiolamento, pois tentam desesperadamente buscar mais luminosidade.

Se isso acontecer, você pode mudar a sua planta de local e ir colocando-a sob o sol gradativamente; com o passar do tempo, ela deve voltar ao seu crescimento normal. Porém, caso a planta tenha ficado muito tempo sem luz e esteja em um processo avançado de crescimento anormal, uma alternativa é podá-la e esperar que ela volte a brotar.

Então, não se esqueça: somente muita luz natural não é suficiente para as suculentas e para os cactos; elas precisam de sol direto por pelo menos dois ou três dias da semana!

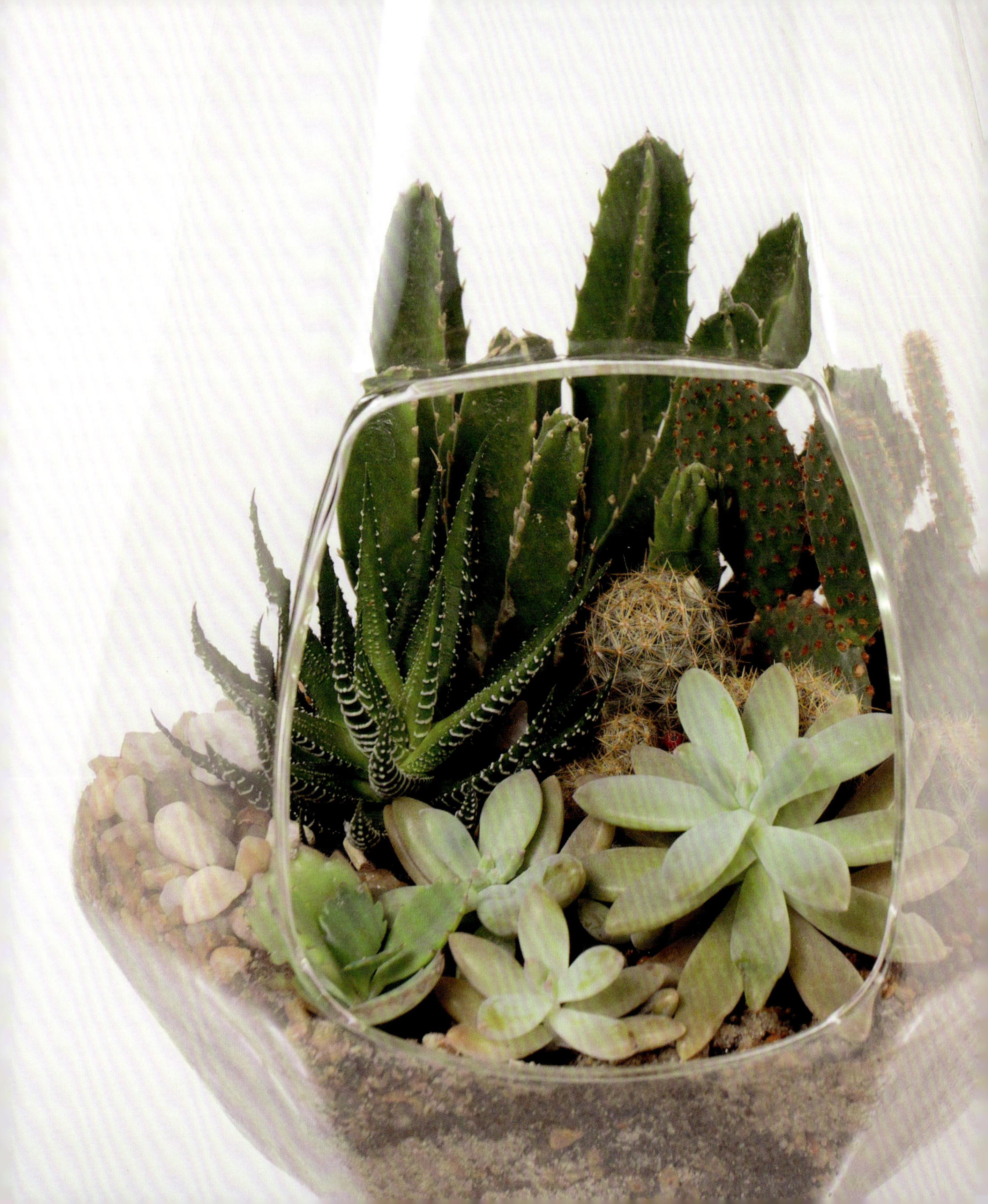

INSPIRAÇÕES

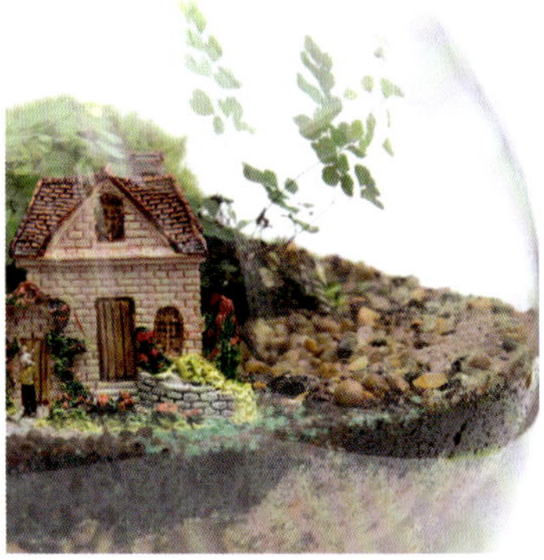
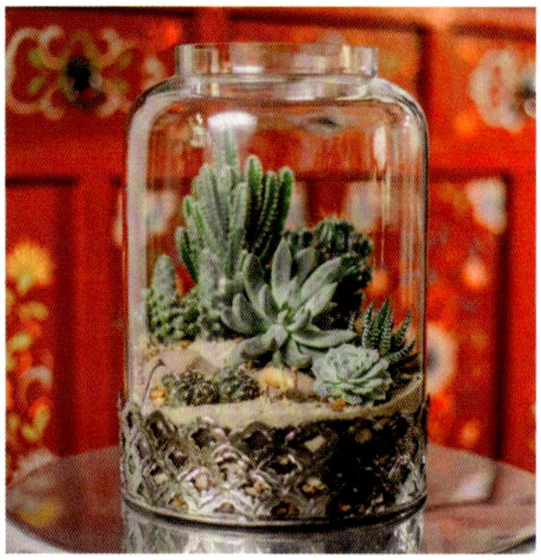
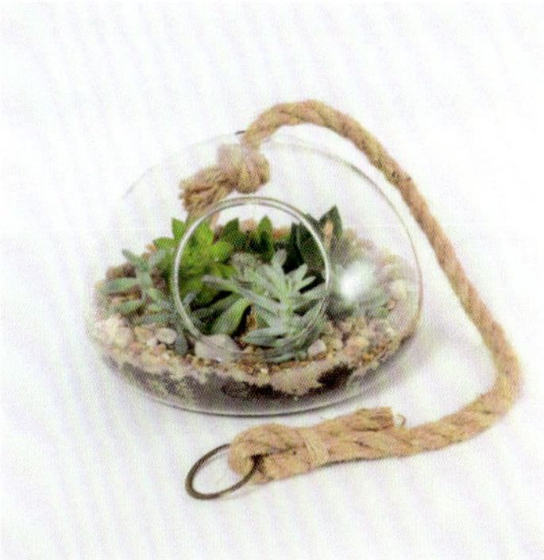
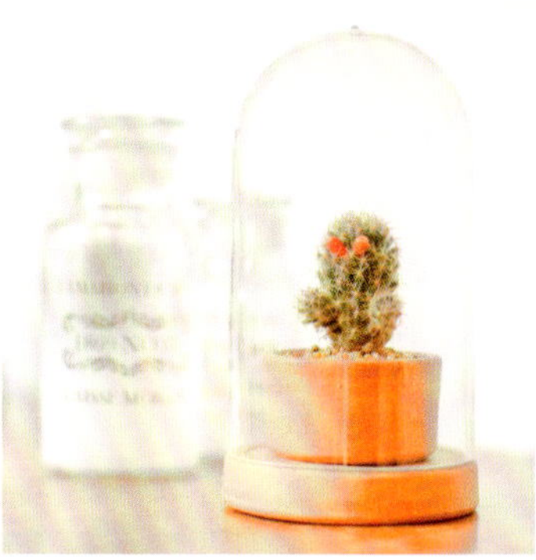
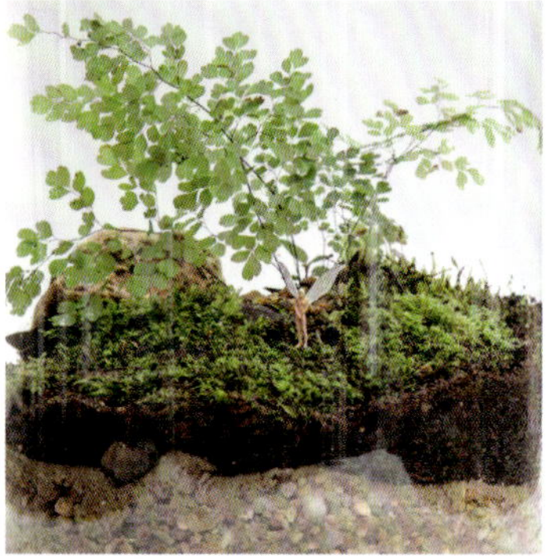
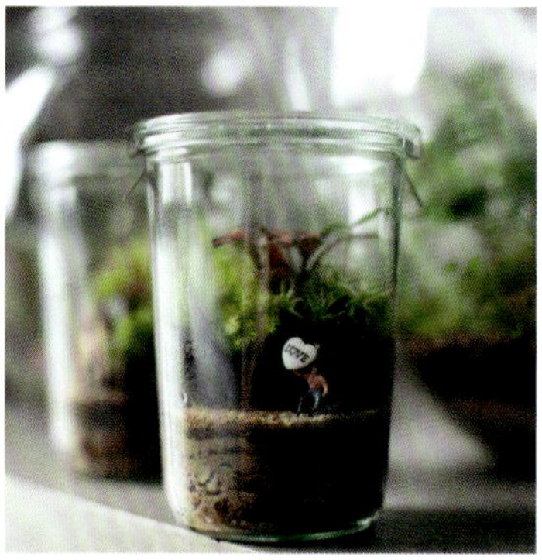
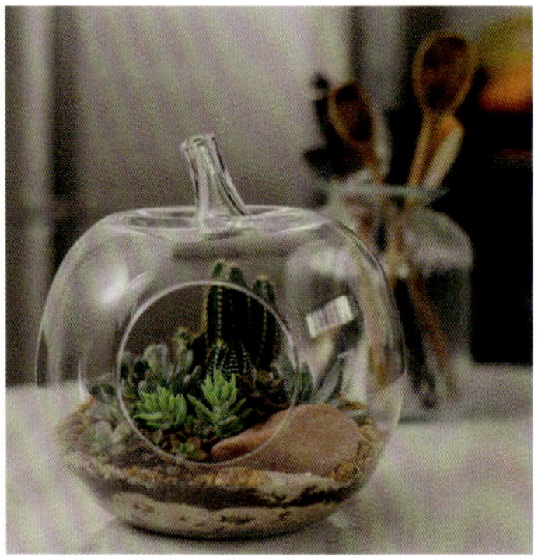
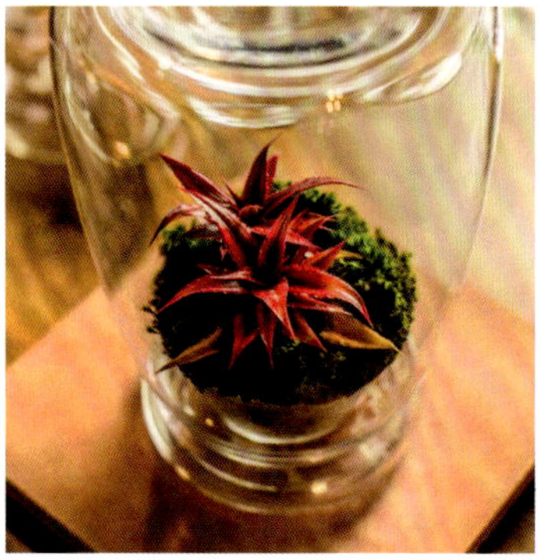
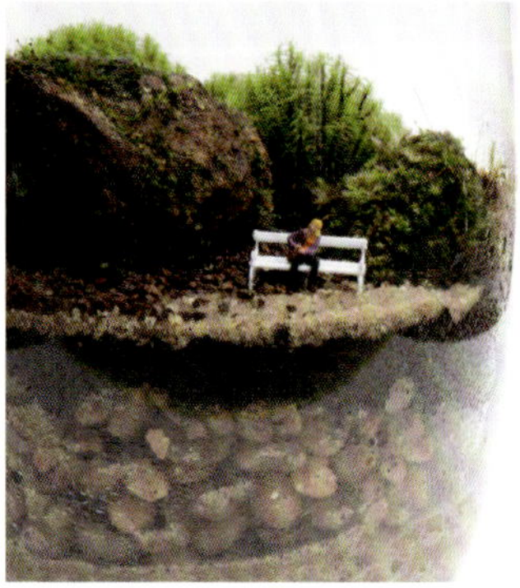

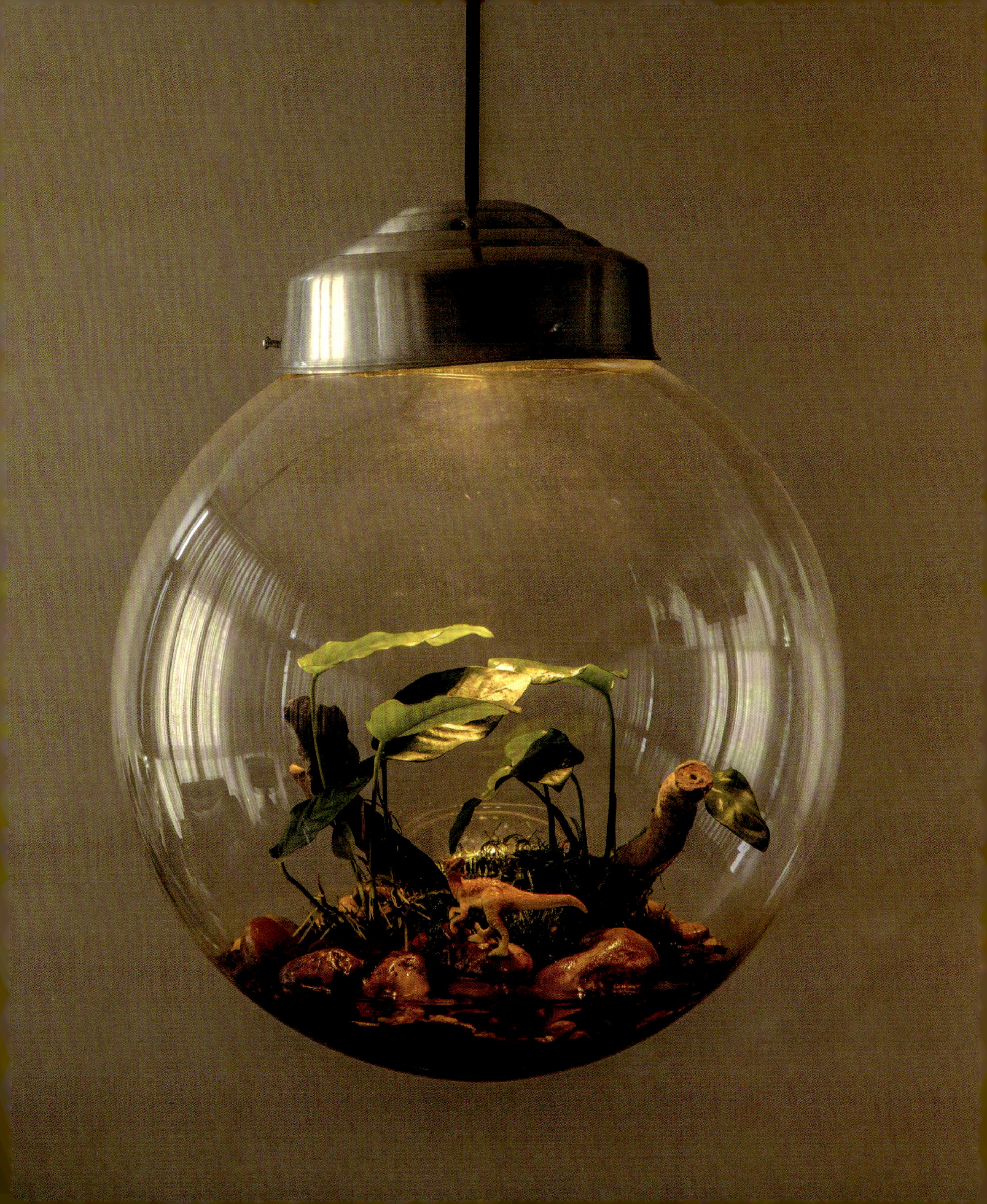

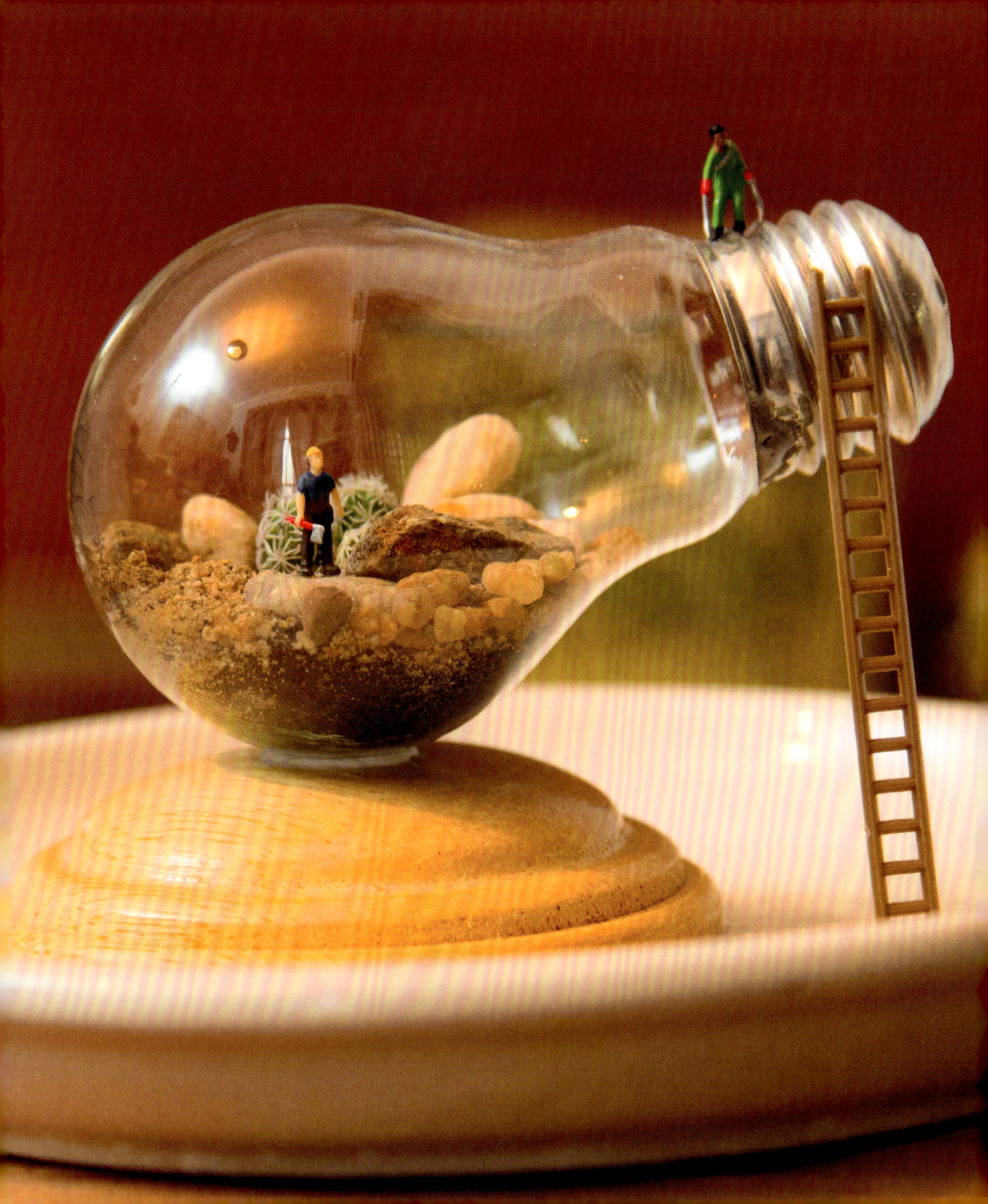

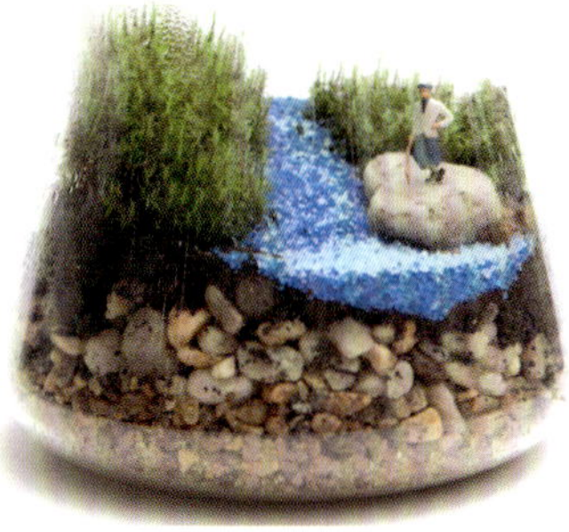
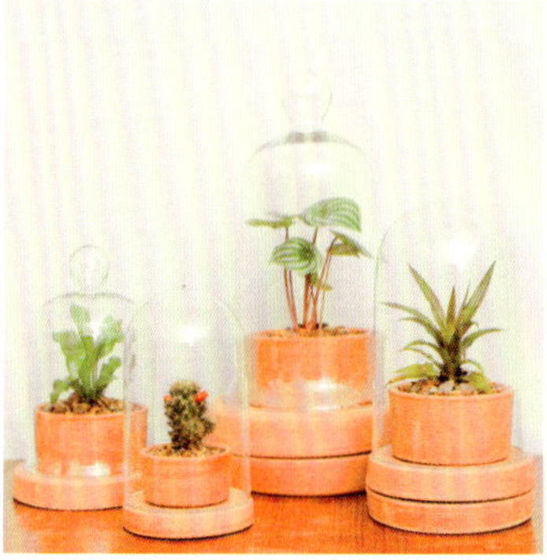
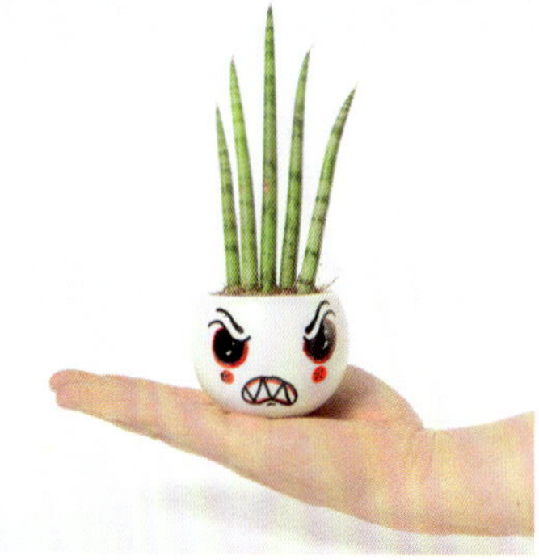
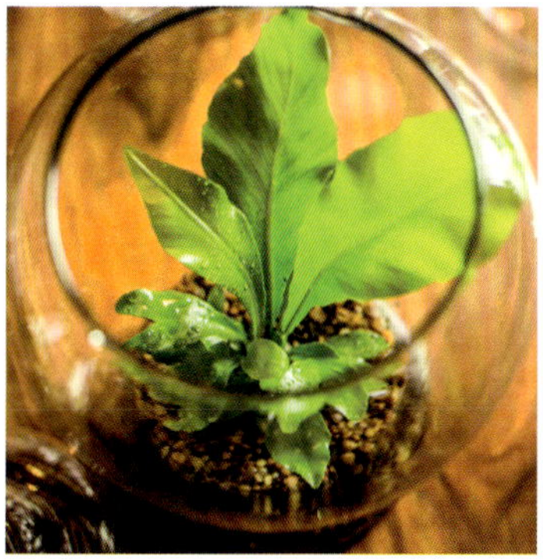
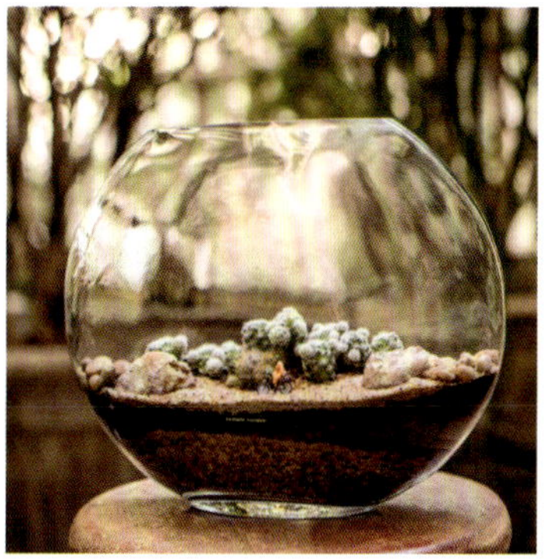
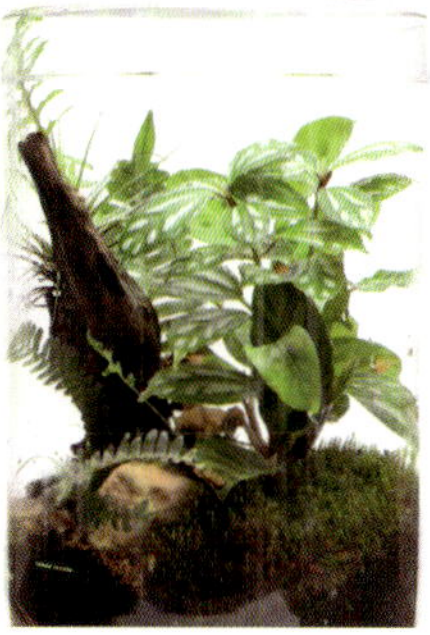
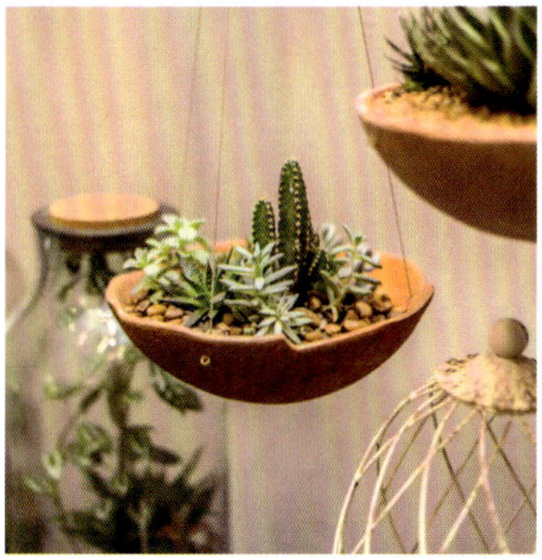
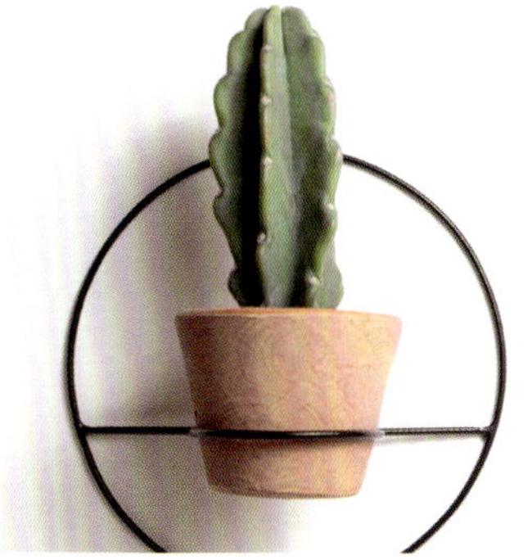
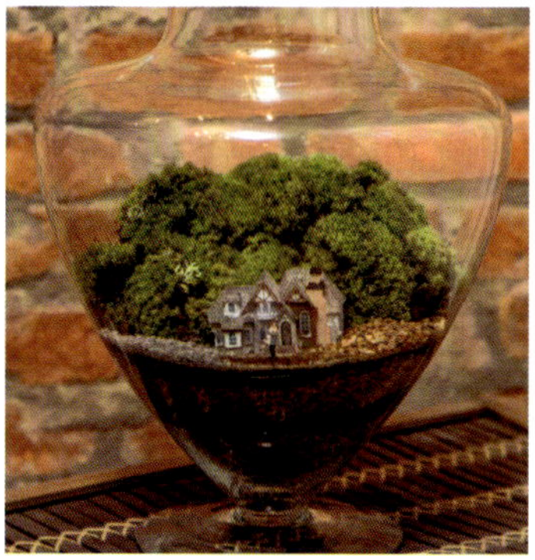

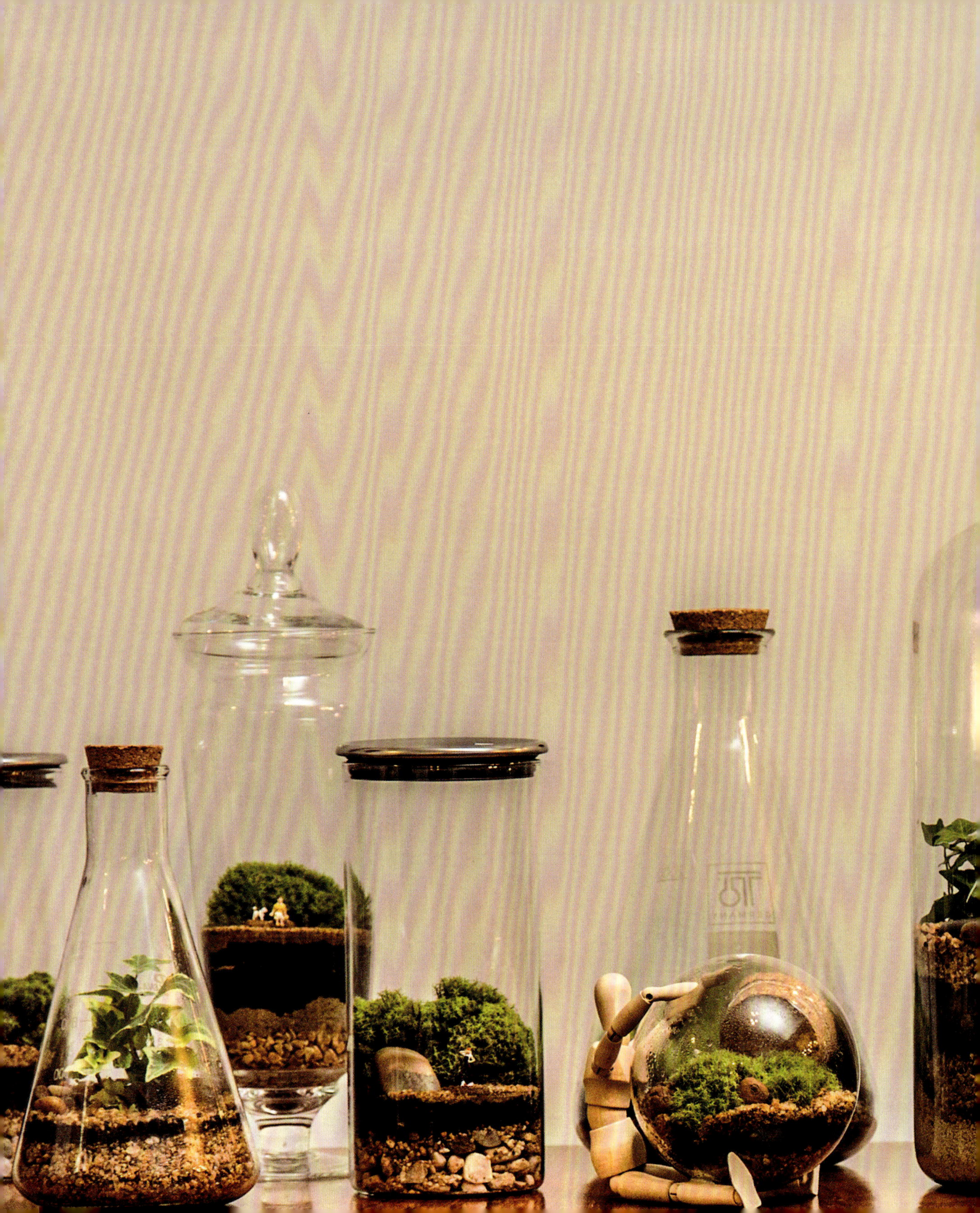

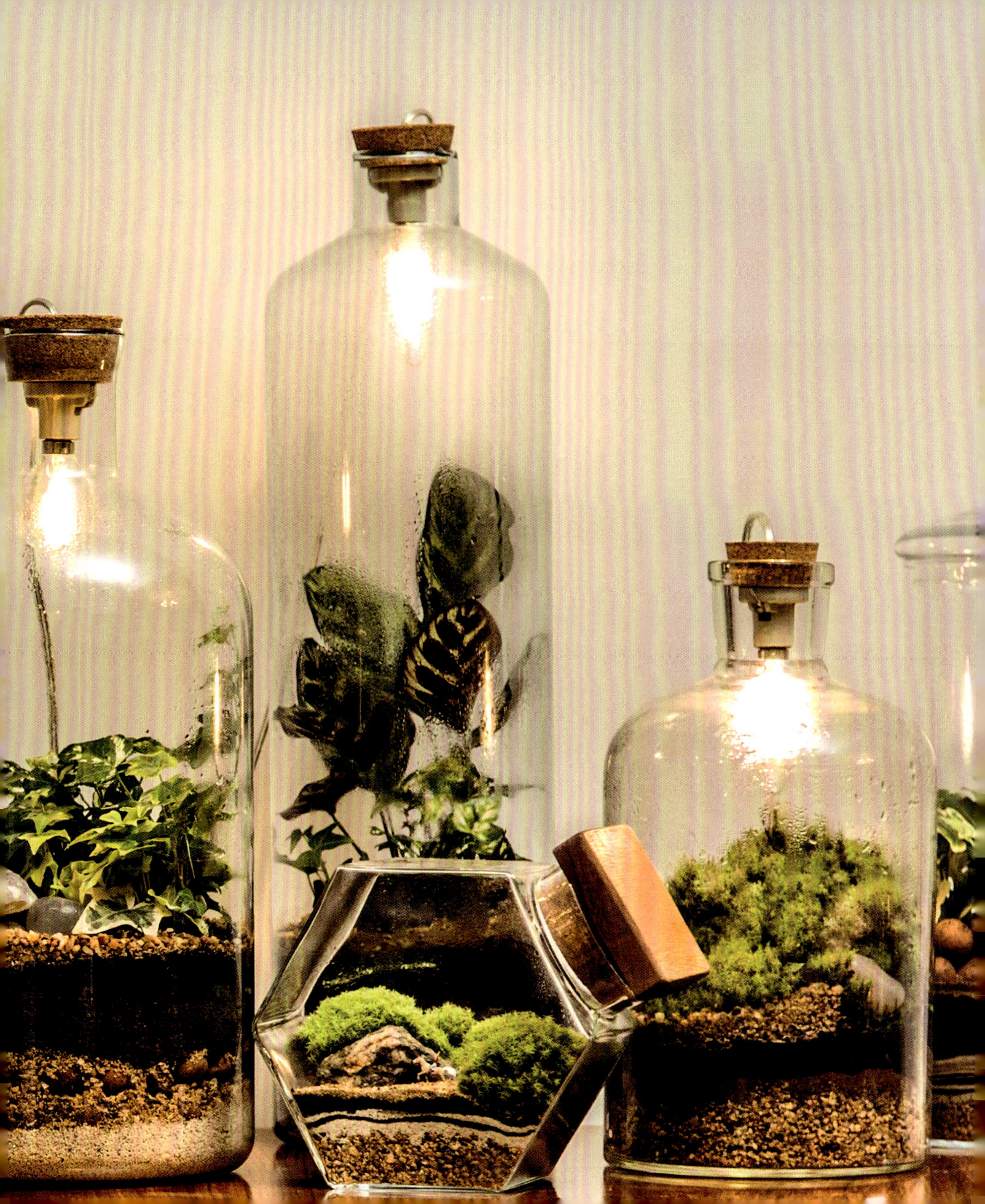

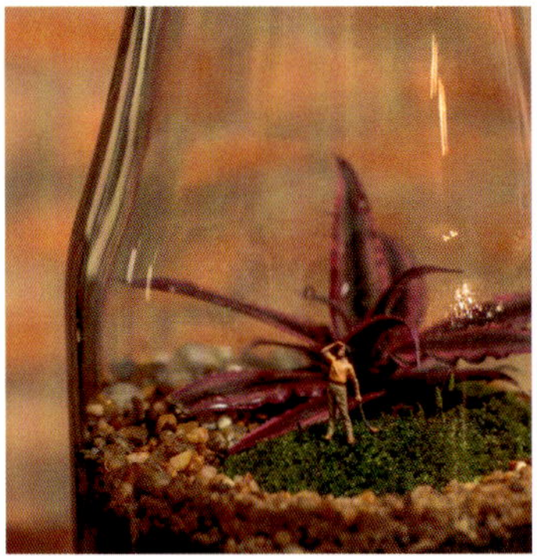
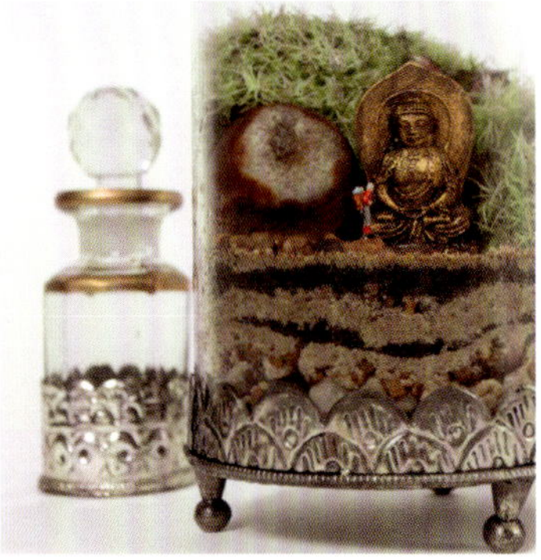
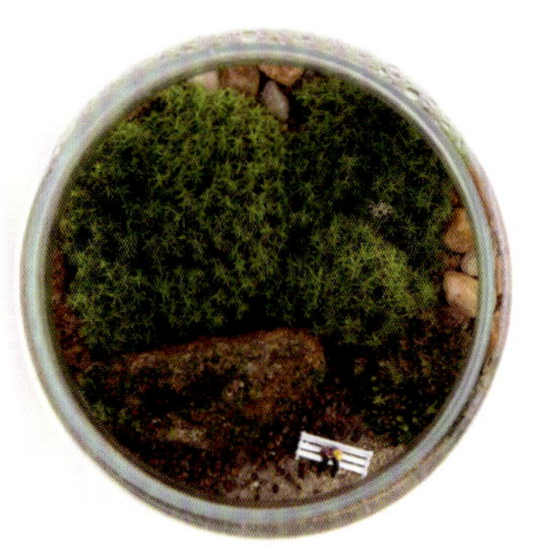
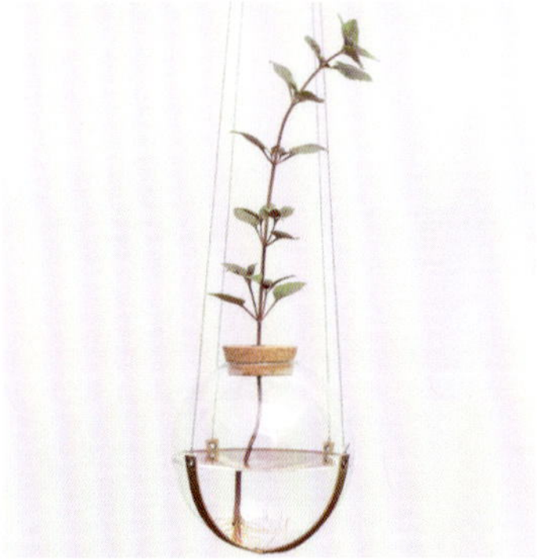
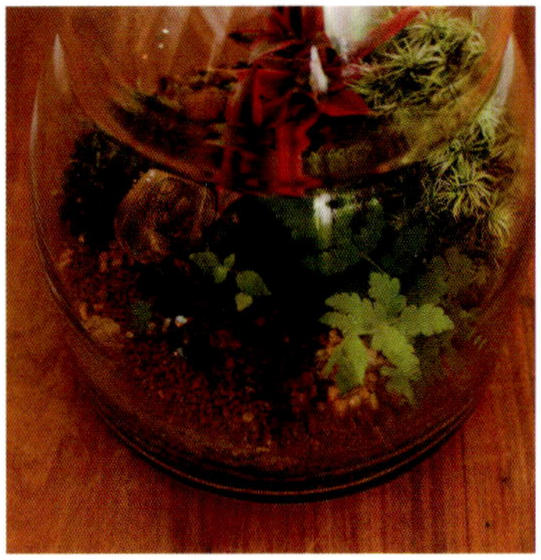
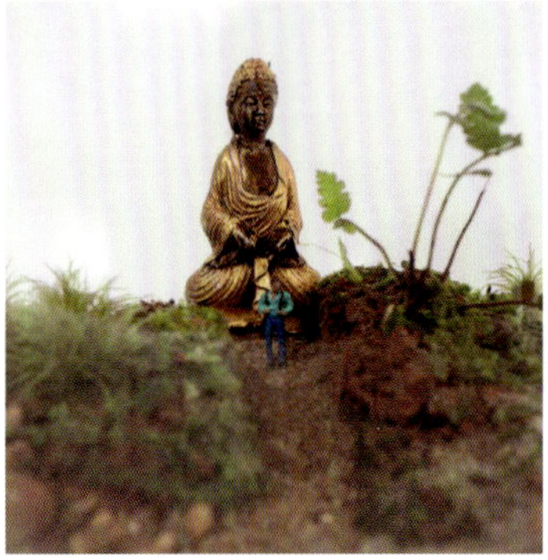
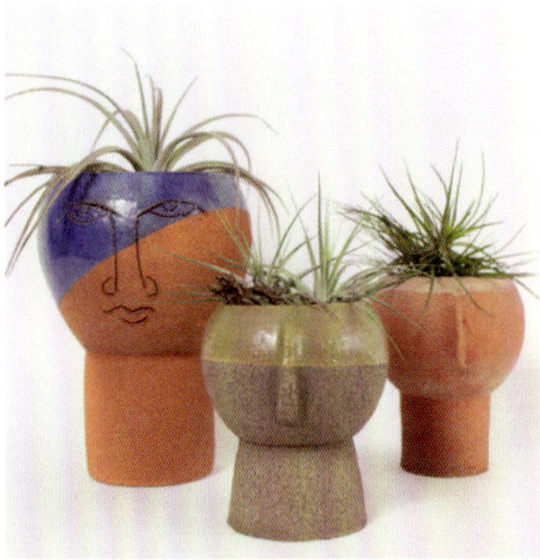
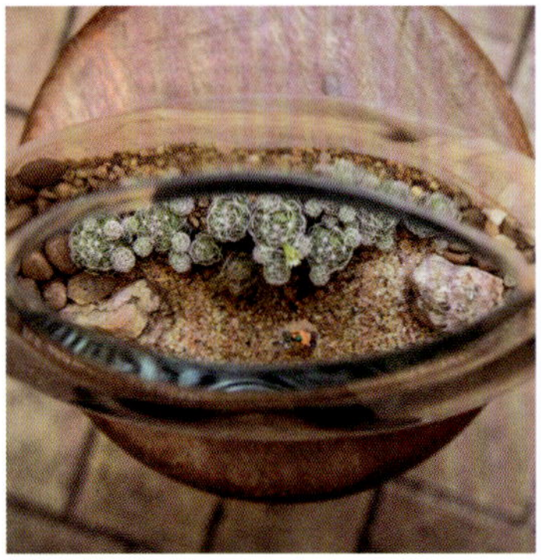
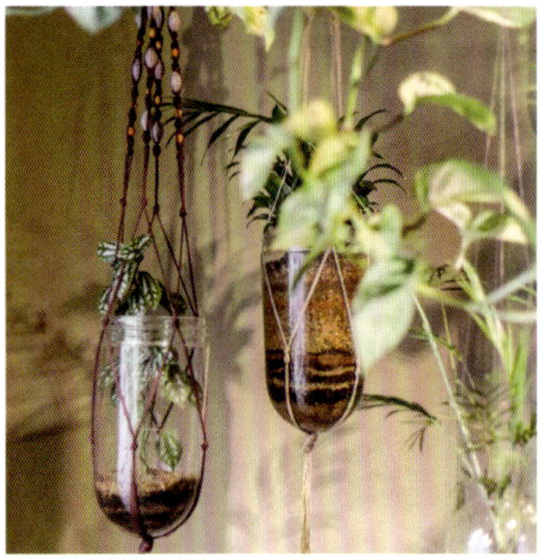

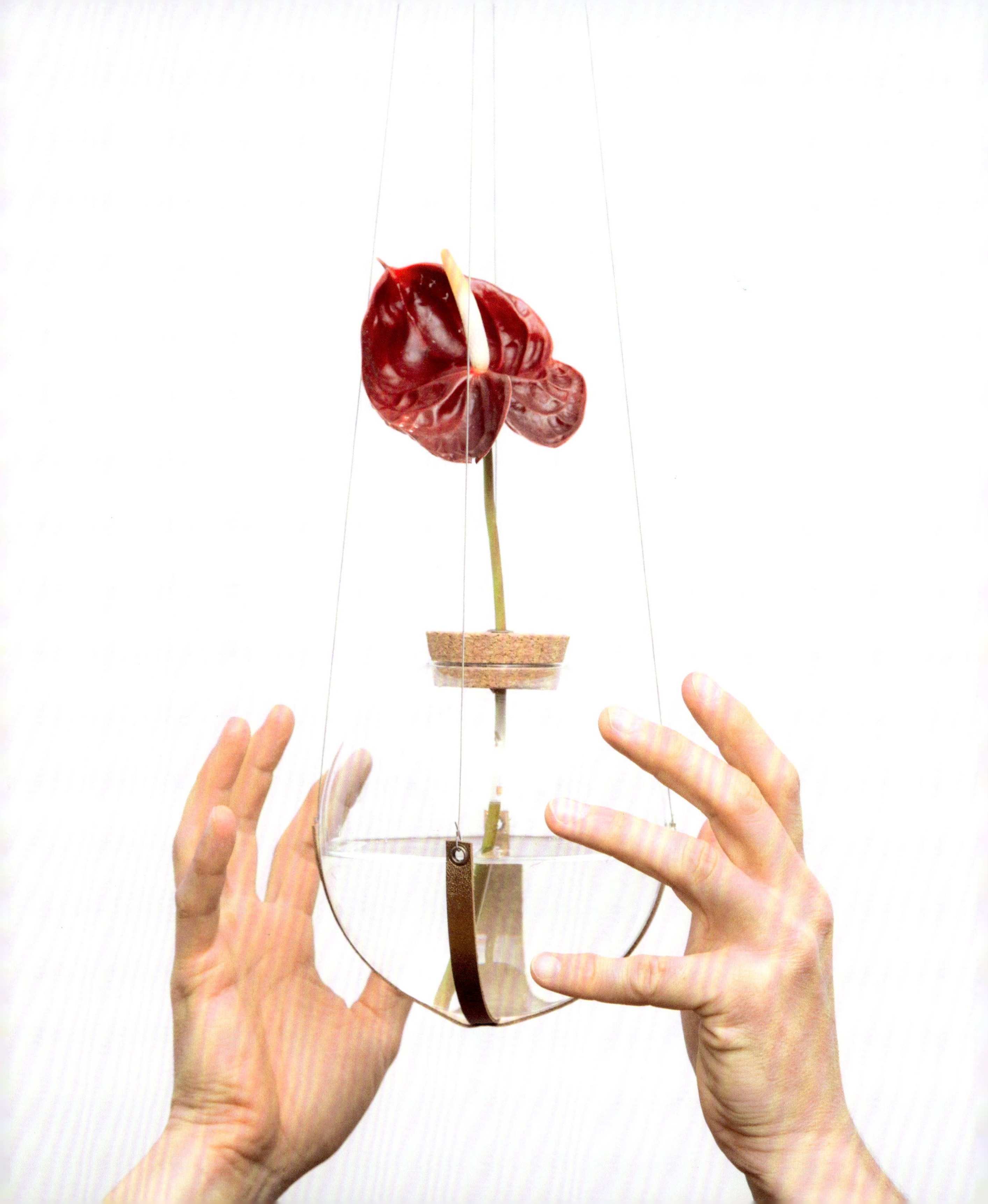

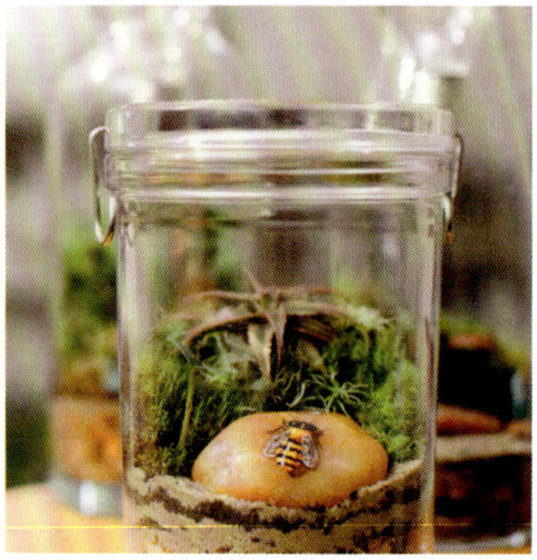
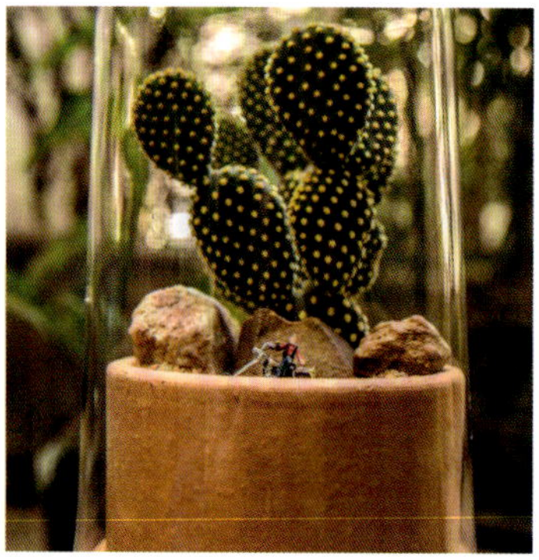
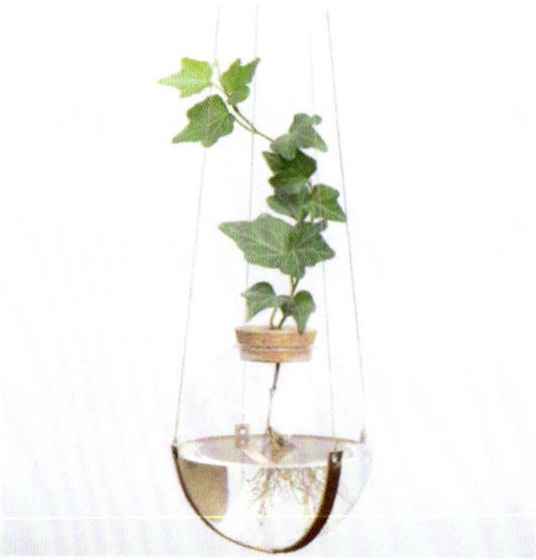
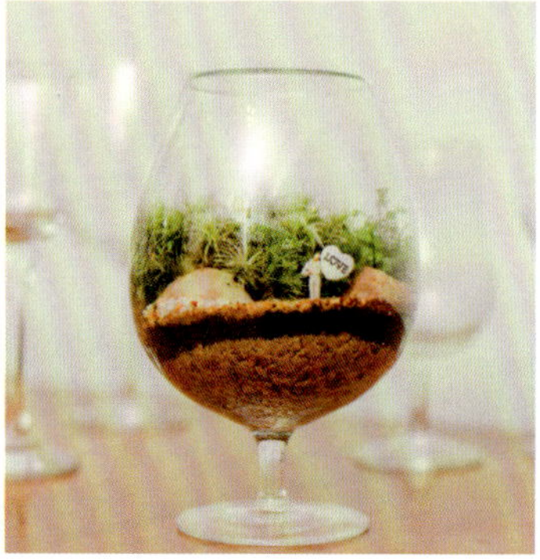
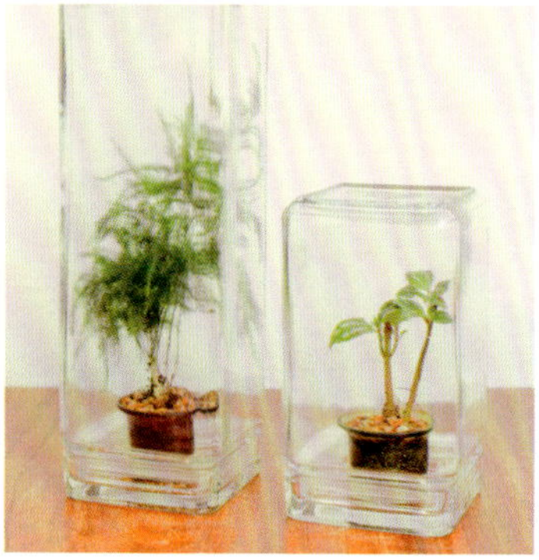
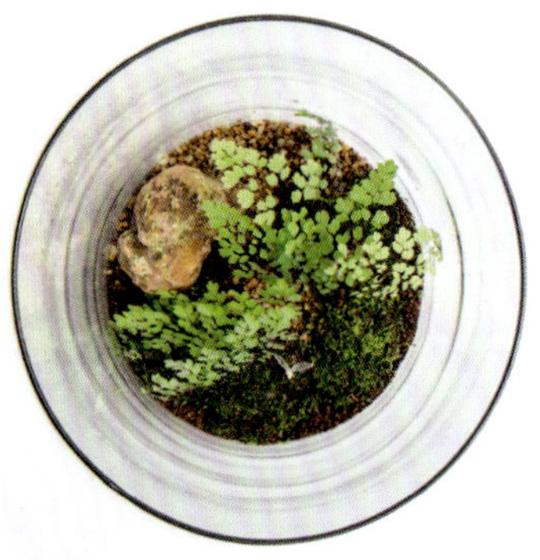
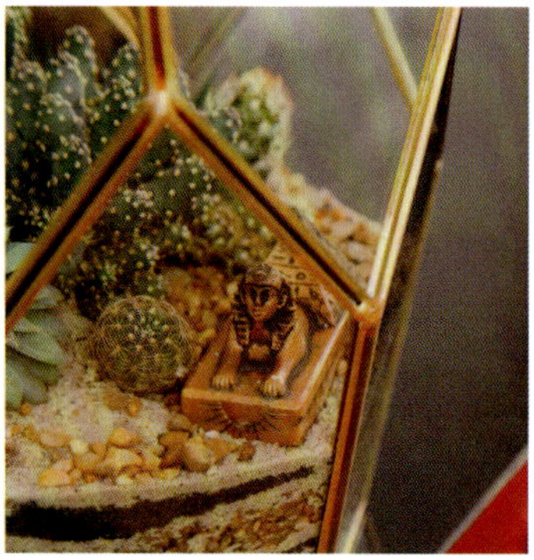
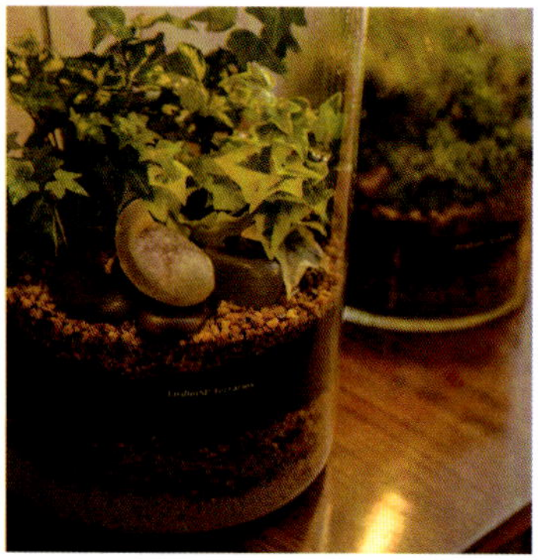
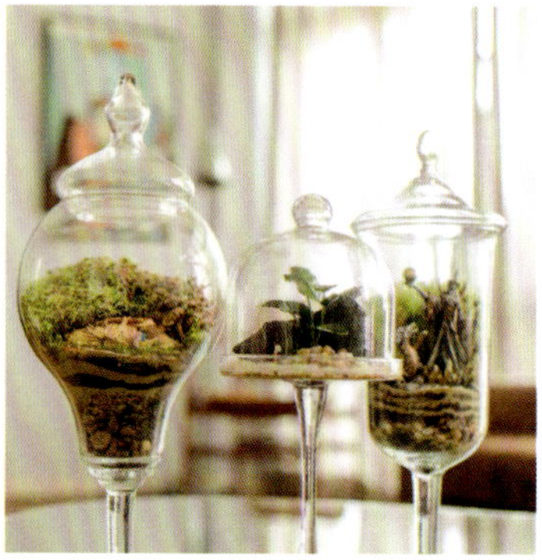

Agora que você já conhece um pouco mais sobre o universo dos terrários e mini-jardins, é só abrir os armários, pegar aqueles vidros que você não usa há um tempo (ou outros objetos que também podem ser úteis), comprar um pouco de terra, de pedras e pedriscos e ir até uma casa de plantas (ou dar uma passada no seu jardim), escolher direitinho as espécies e, claro, colocar sua imaginação para funcionar, quem sabe acrescentando diferentes ornamentos para criar um cenário em miniatura.

Colocando em prática as orientações que trouxemos até aqui, você pode criar o jardim que quiser e como quiser!

Nesta seção vamos apresentar algumas opções interessantes e até inusitadas, com terrários e jardins de variados tamanhos e estilos, para servir de inspiração dentro desse "minimundo" de possibilidades.

O guia básico de dez passos (página 72) serve para todos eles, mas alguns casos oferecem uma outra especificidade que também merece ser explicada passo a passo.

Vire a página e divirta-se!

108

JARDIM SUSTENTÁVEL

Você já deve ter ouvido a palavra "sustentabilidade" por aí... Ela está muito em voga hoje em dia e tem a ver com utilizar os recursos de forma consciente, gerando menos lixo e menos impacto na natureza. Por isso, se você costuma consumir geleias e alimentos em conserva, uma ótima forma de ser sustentável é reaproveitar os frascos para construir seus terrários.

Nesta inspiração, usamos um vidro grande de palmito; mas você pode se valer dos vidros de tamanhos e formatos variados para construir peças bem criativas.

PASSO A PASSO

1. Separe os materiais que vai utilizar e lave bem o vidro com água e detergente neutro. Deixe secar ao ar livre ou então seque-o usando um papel-toalha limpo.

2. Faça a base do terrário mesclando pedriscos maiores e menores, e intercalando as camadas de terra e areia.

3. Com os próprios dedos ou com o auxílio de uma colher, de um pincel ou de um palito, faça pequenas covas na terra e comece o plantio, iniciando pelas plantas mais altas, que devem ficar no fundo.

4. Coloque as demais plantas e decore as laterais do terrário com pedriscos pequenos (se necessário, utilize um funil para facilitar a colocação). No acabamento, você também pode acrescentar mais areia e usar um pincel para nivelar.

5. Regue o terrário com um borrifador, sem encharcar a terra.

6. Finalize decorando com algumas conchas.

7. Agora é só colocar seu terrário em um local que receba bastante luz natural e, se possível, que tenha incidência direta do sol por pelo menos dois ou três dias da semana.

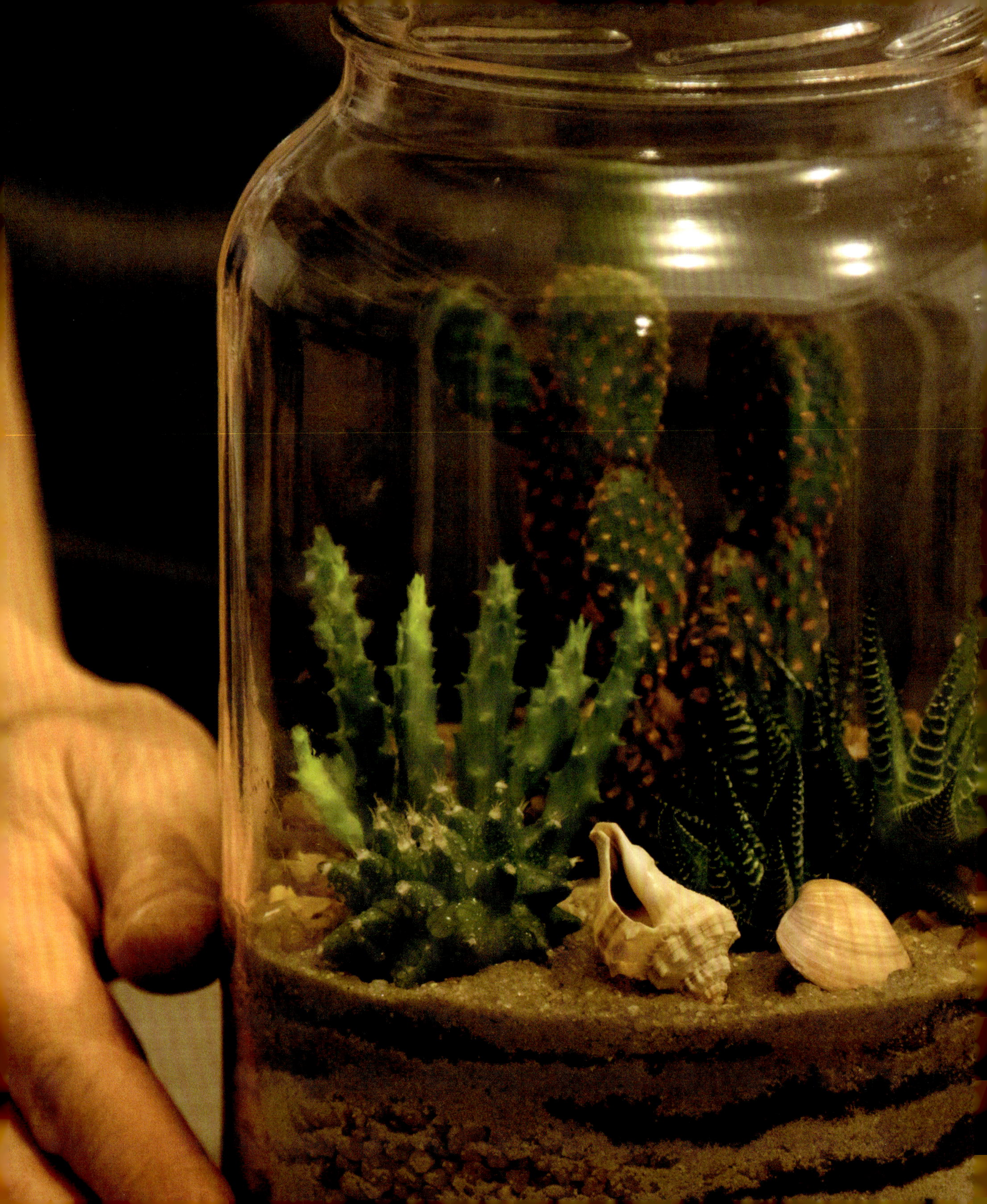

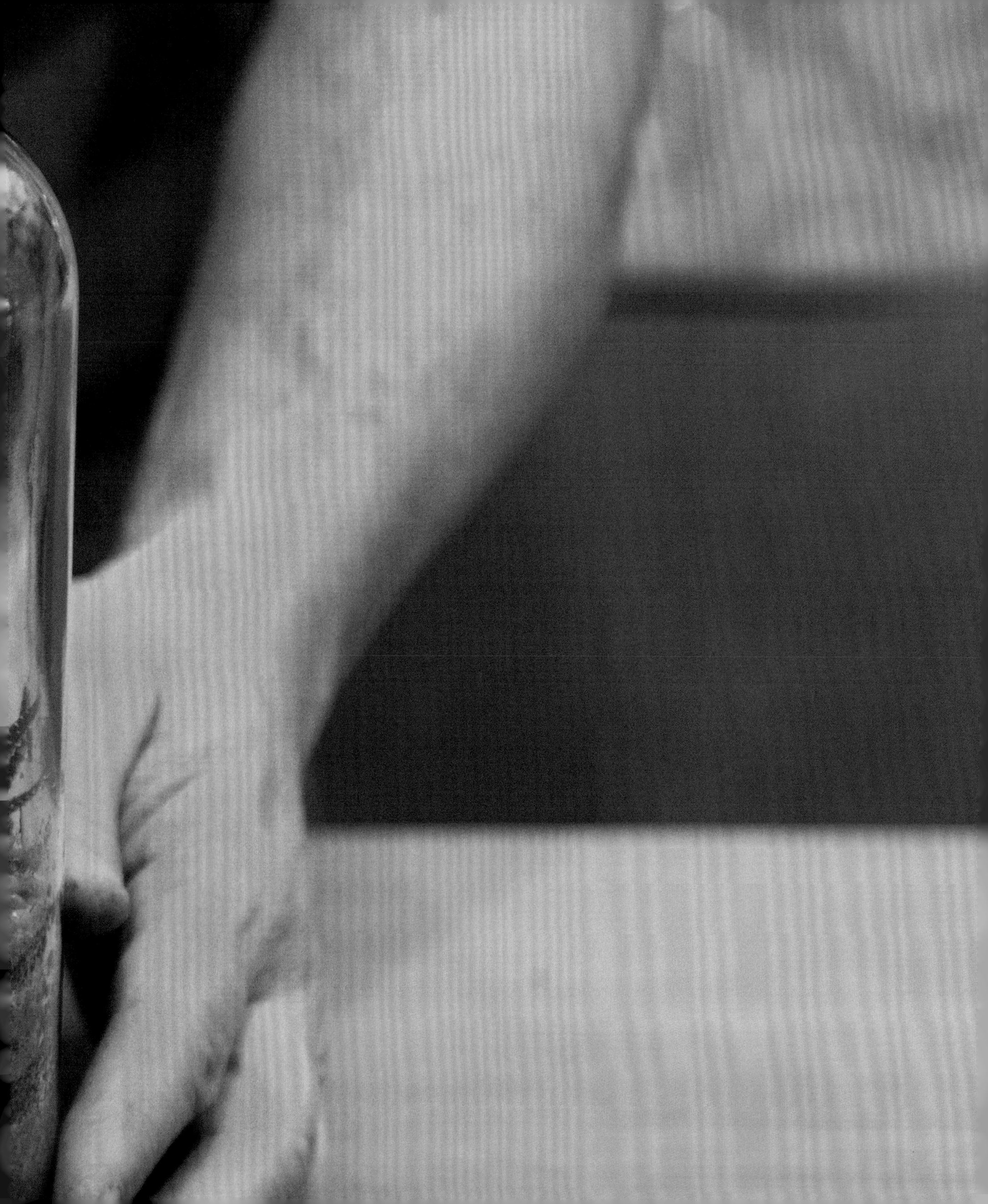

JARDIM RECICLÁVEL

Ainda no "clima" da sustentabilidade, este jardim reciclável mostra que os vidros não são os únicos que podem ser reaproveitados – com uma simples embalagem de plástico também é possível montar um jardim encantador!

Escolha embalagens mais resistentes para garantir que elas aguentarão o peso, já que o jardim conterá terra e algumas pedrinhas, e não se esqueça de limpá-las muito bem antes de começar.

Além das ferramentas comuns aos demais terrários, você também vai precisar de uma cola potente e de uma tesoura para fazer algumas adaptações.

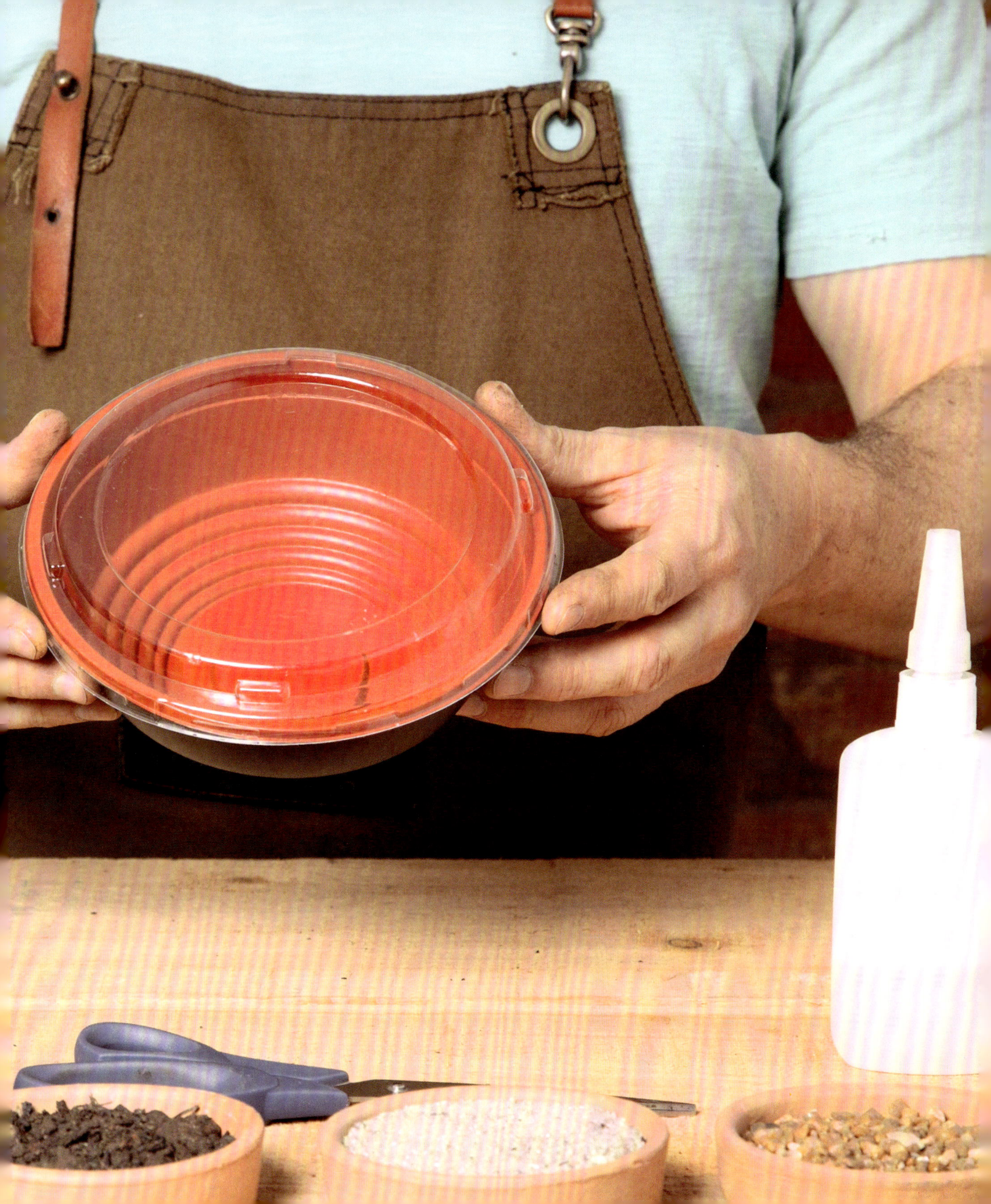

PASSO A PASSO

1. Separe os materiais que vai utilizar e lave bem a embalagem com água e detergente neutro (esfregue com uma esponja para ajudar a retirar os resíduos, se houver). Deixe secar ao ar livre ou então seque-a usando um papel-toalha limpo.

2. Corte a tampa da embalagem ao meio e em seguida utilize a cola instantânea para fixá-la na parte que conterá a base do terrário.

3. Faça a base do terrário intercalando as camadas de pedriscos, terra e areia. Se necessário, utilize um pincel para nivelar.

4. Borrife um pouco de água sobre a base e em seguida faça pequenos furos na terra com o cabo de um pincel ou um palito.

5. Coloque as suculentas nas covinhas com o auxílio de uma pinça.

6. Regue a terra sem encharcar. Agora é só colocar o terrário em um local que receba bastante luz natural, com incidência direta do sol por pelo menos duas ou três vezes por semana. (Se fizer um furinho na parte traseira da embalagem, você também pode pendurá-la na parede e fazer uma linda composição com várias peças.)

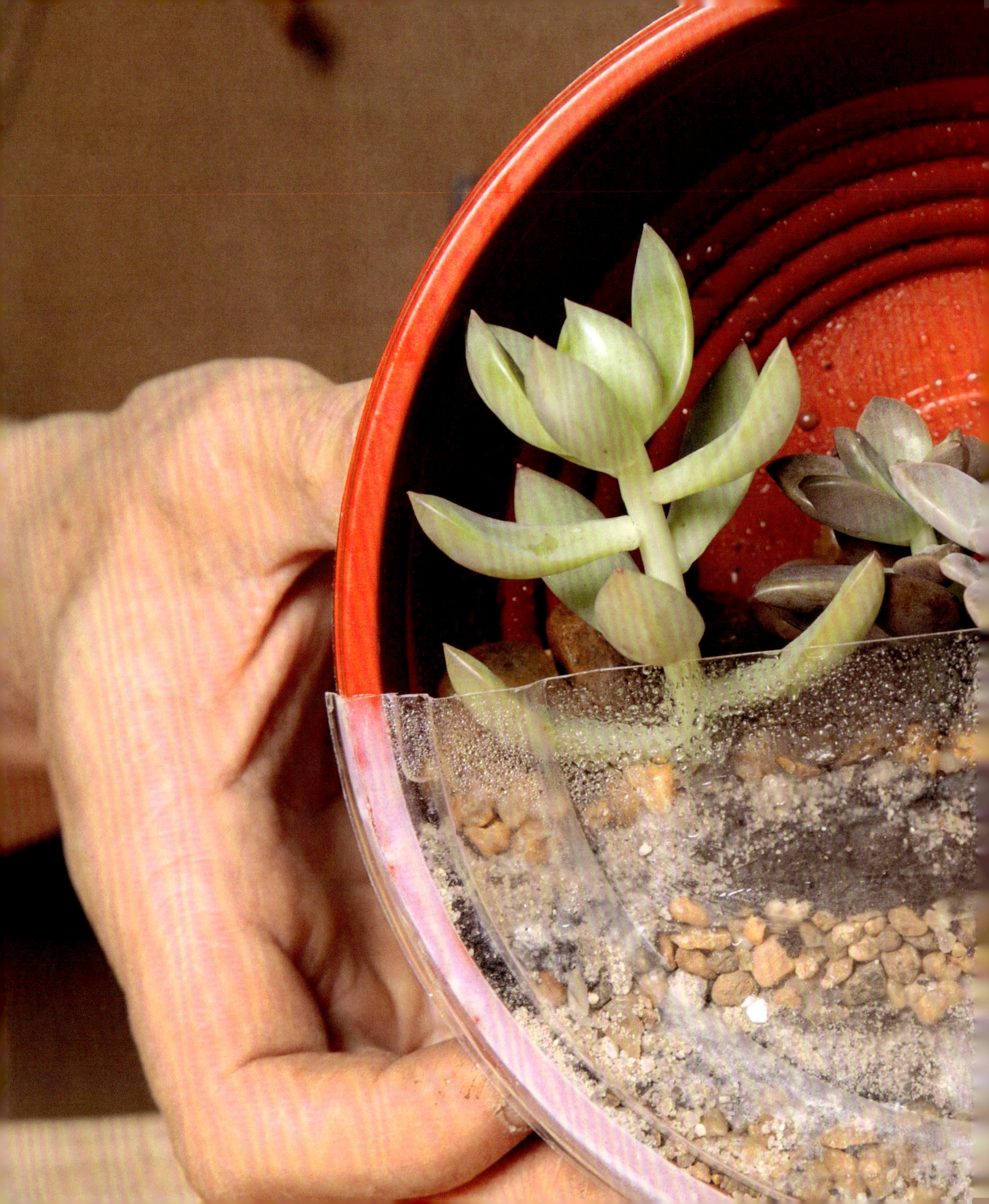

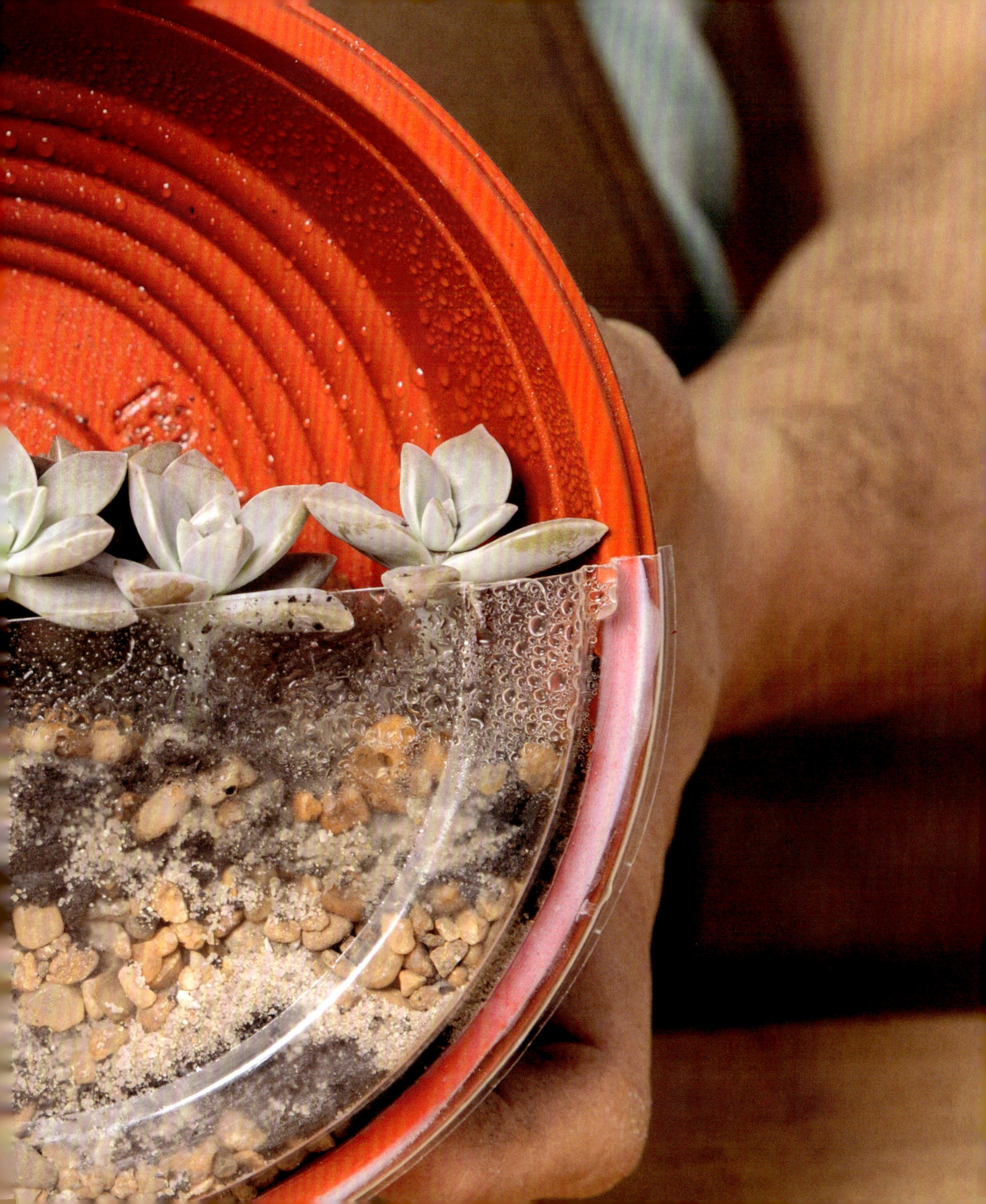

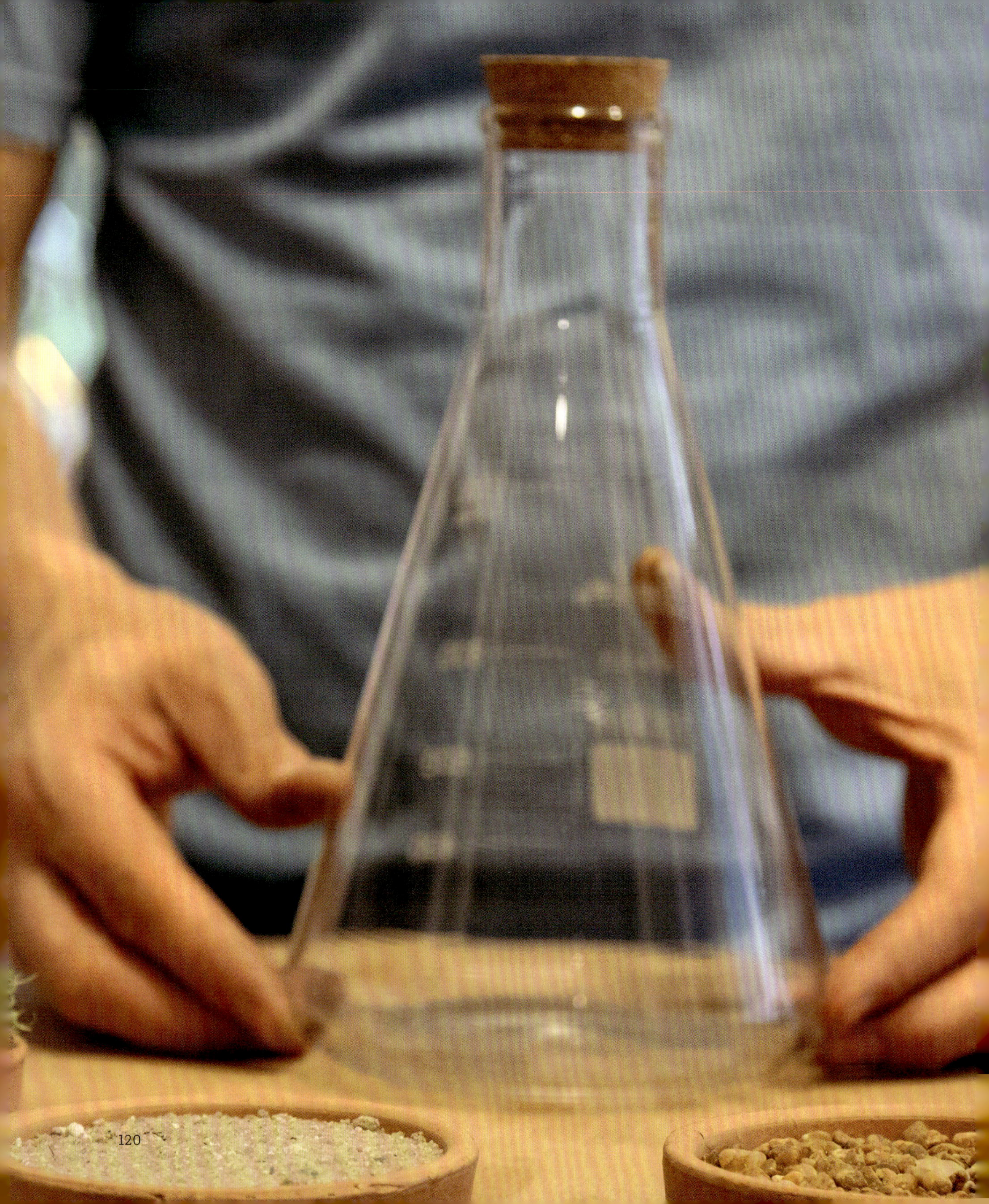

ARTE NO ERLENMEYER

Se você trabalha em um laboratório ou gosta de química e de fazer experimentos, uma boa sugestão é construir seu terrário dentro de um erlenmeyer. Nesta inspiração, acrescentamos um pequeno pintor como personagem para misturar ciência e arte!

PASSO A PASSO

1. Separe os materiais que vai utilizar e lave o erlenmeyer com água e detergente neutro. Deixe secar ao ar livre ou então seque-o usando um papel-toalha limpo.

2. Prepare a base do terrário acrescentando pedras, pedriscos e areia, intercalando as camadas. Como a abertura do vidro é mais estreita, você pode utilizar um funil para facilitar.

3. Coloque uma camada de terra e nivele a altura com o auxílio de um pincel. Acrescente mais um pouco de areia por cima dessa camada.

4 . Faça uma barreira com as pedras maiores, dividindo a base em duas partes.

5 . Utilizando uma pinça, coloque o musgo preenchendo toda a parte traseira do terrário.

6 . Preencha a parte da frente com areia fina para dar acabamento. Utilize o socador para deixar a camada mais regular.

7. Com o auxílio de uma pinça, coloque as mudas de plantas entre os musgos. Nesse caso, a escolhida foi a fitônia.

8. Faça a rega do terrário com o auxílio de uma pipeta ou de uma seringa, umedecendo a terra sem alagar.

9. Insira a miniatura de sua preferência e tampe o vidro.

10. Agora é só colocar em um local com bastante luz natural, mas sem incidência direta do sol.

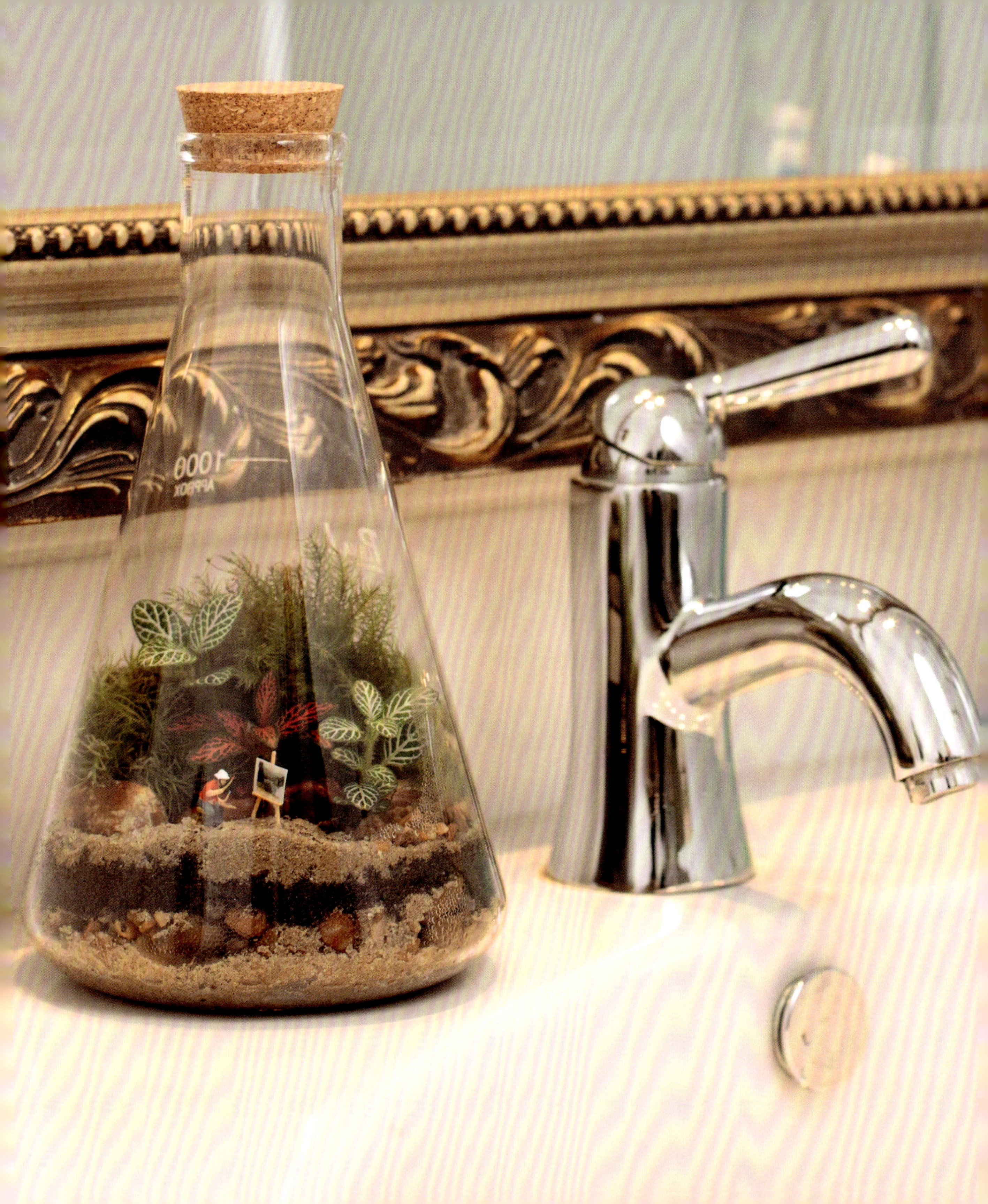

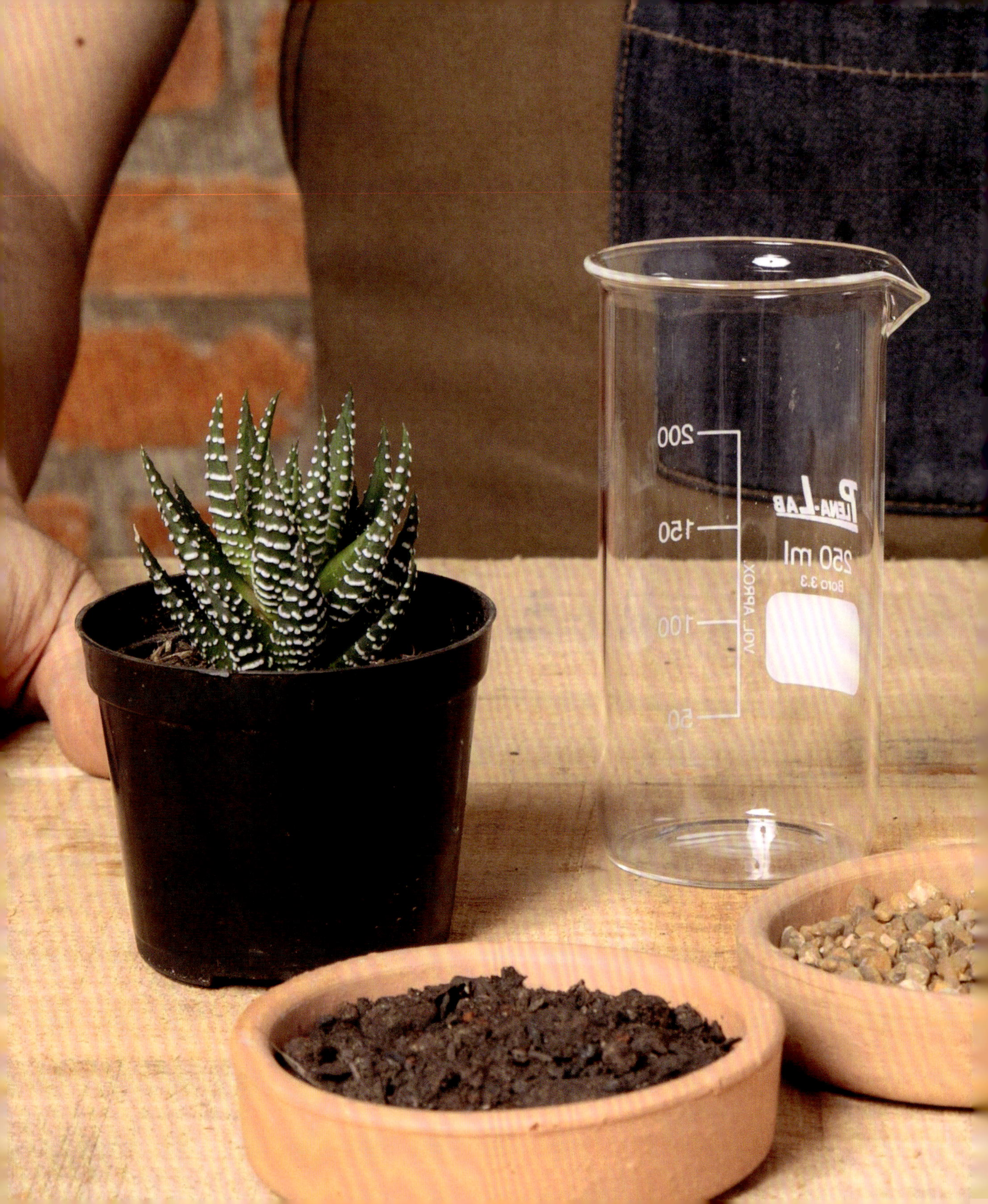
200
150
100
50
VOL. APROX.
PLENA-LAB
250 ml
Boro 3.3

SUCULENTA NO BECKER

Assim como os erlenmeyers, os beckers também são vidros comuns em laboratórios que funcionam como ótimas "casas" para terrários e minijardins! Que tal usar um para abrigar sua suculenta?

PASSO A PASSO

1. Separe os materiais que vai utilizar e lave o becker com água e detergente neutro. Deixe secar ao ar livre ou então seque-o usando um papel-toalha limpo.

2. Prepare a base do terrário acrescentando pedras, pedriscos e areia, intercalando as camadas. Como a abertura do vidro é estreita, você pode utilizar uma colher ou um funil para facilitar. Finalize colocando areia sobre toda a superfície.

3. Utilizando o cabo de um pincel, faça uma covinha e em seguida plante a suculenta com a ajuda de uma pinça, se for necessário.

4. Com um borrifador, umedeça a terra tomando cuidado para não encharcar.

5. Agora é só colocar seu jardim em um local que receba bastante luz natural, com incidência direta do sol por pelo menos dois ou três dias da semana.

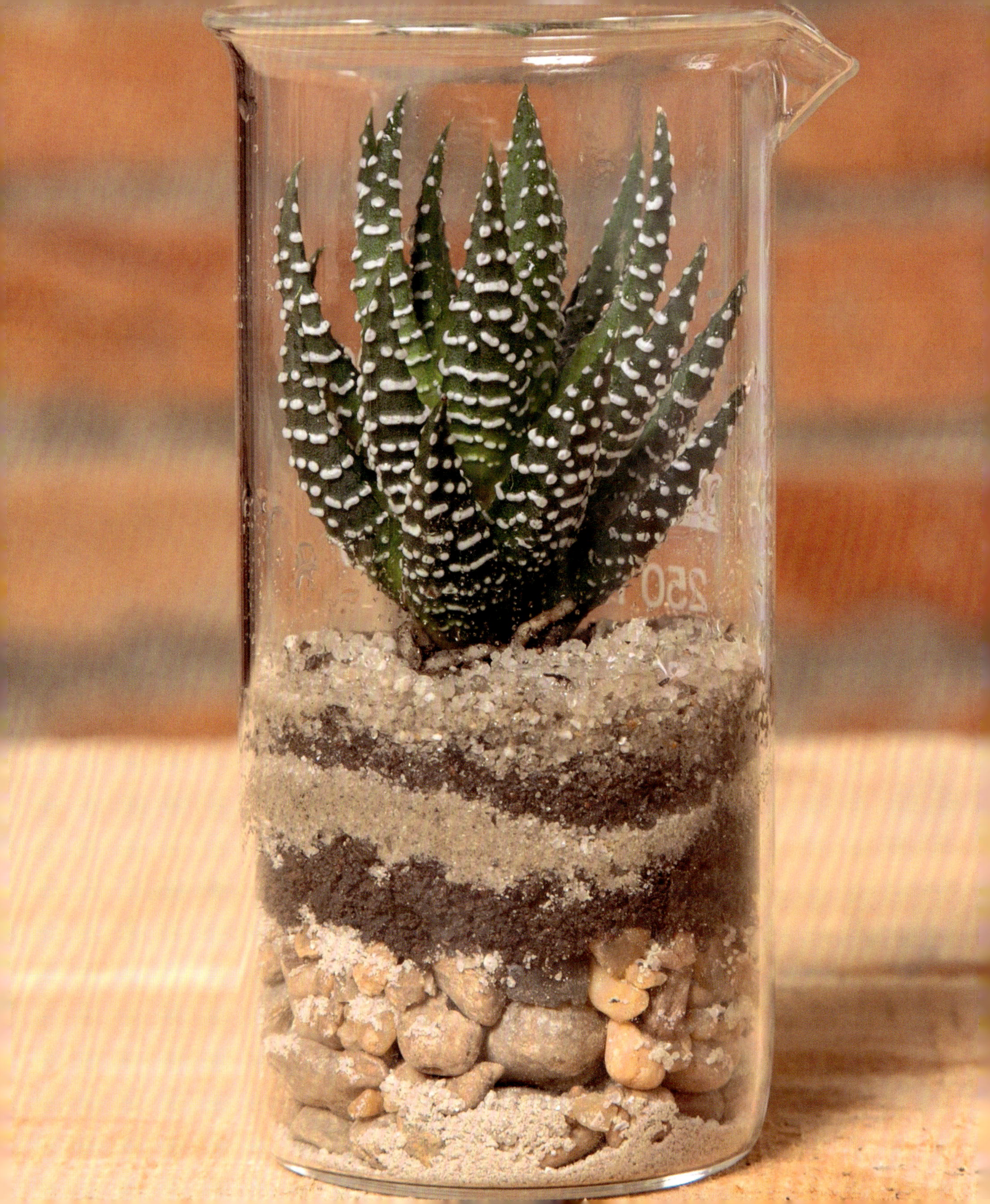

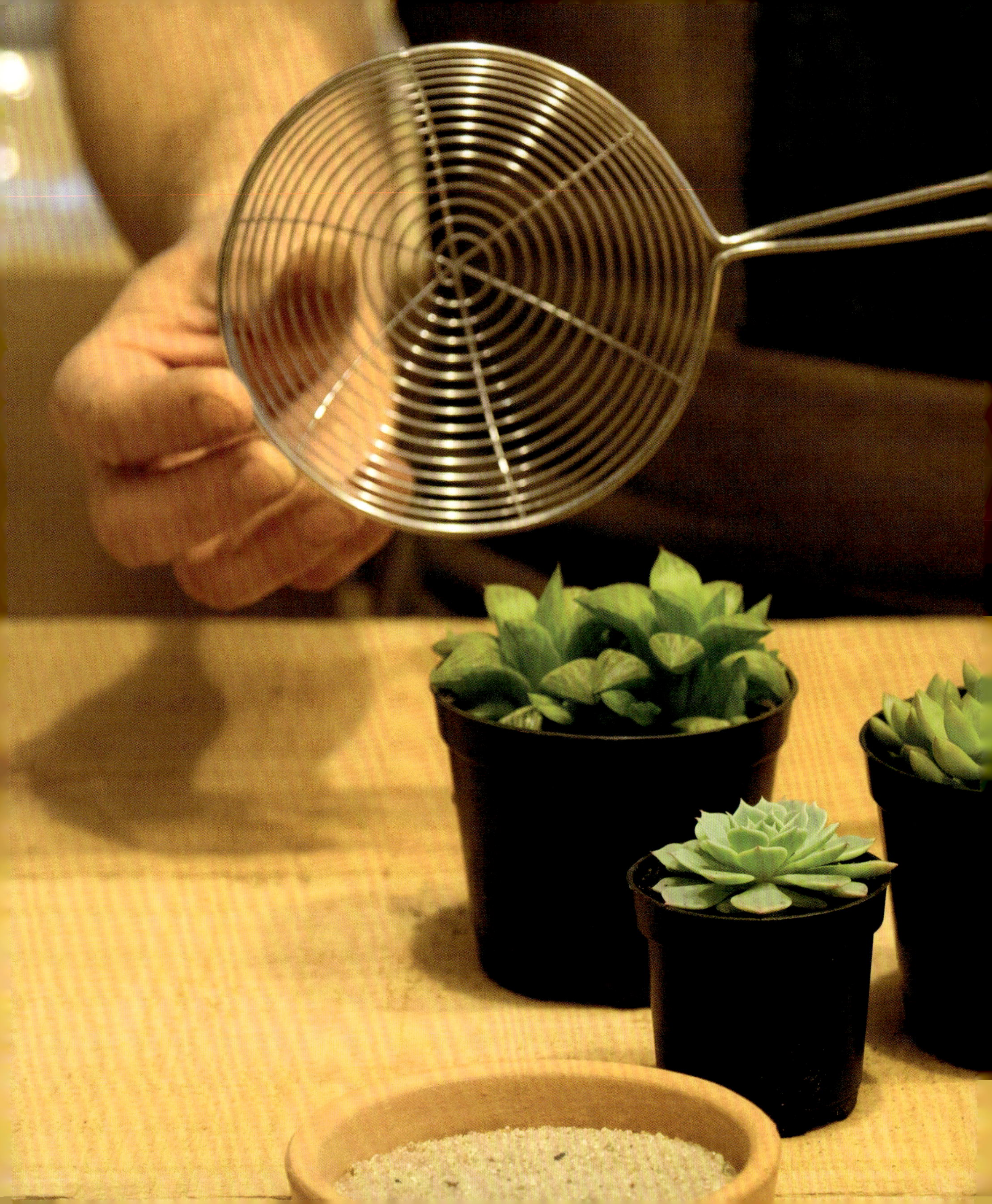

JARDIM NA ESCUMADEIRA

Quem disse que cozinha também não é lugar de planta? Com esse jardim na escumadeira, você adiciona um elemento criativo e inusitado à sua decoração e torna esse local da casa ainda mais agradável.

PASSO A PASSO

1. Separe os materiais que vai utilizar e ajuste o cabo da escumadeira para que ela possa permanecer em pé, sustentando o seu jardim.

2. Forre a parte interna da escumadeira com musgo seco, em seguida preencha com um pouco de terra e finalize a base com areia.

3. Com um borrifador, umedeça a superfície da areia e faça pequenos furos utilizando o dedo ou o cabo de um pincel para colocar as plantinhas.

4. Plante as suculentas com a ajuda de uma pinça, se for necessário, até preencher todo o espaço do jardim.

5. Agora é só colocar seu jardim em um local que receba bastante luz natural, com incidência direta do sol por pelo menos dois ou três dias da semana.

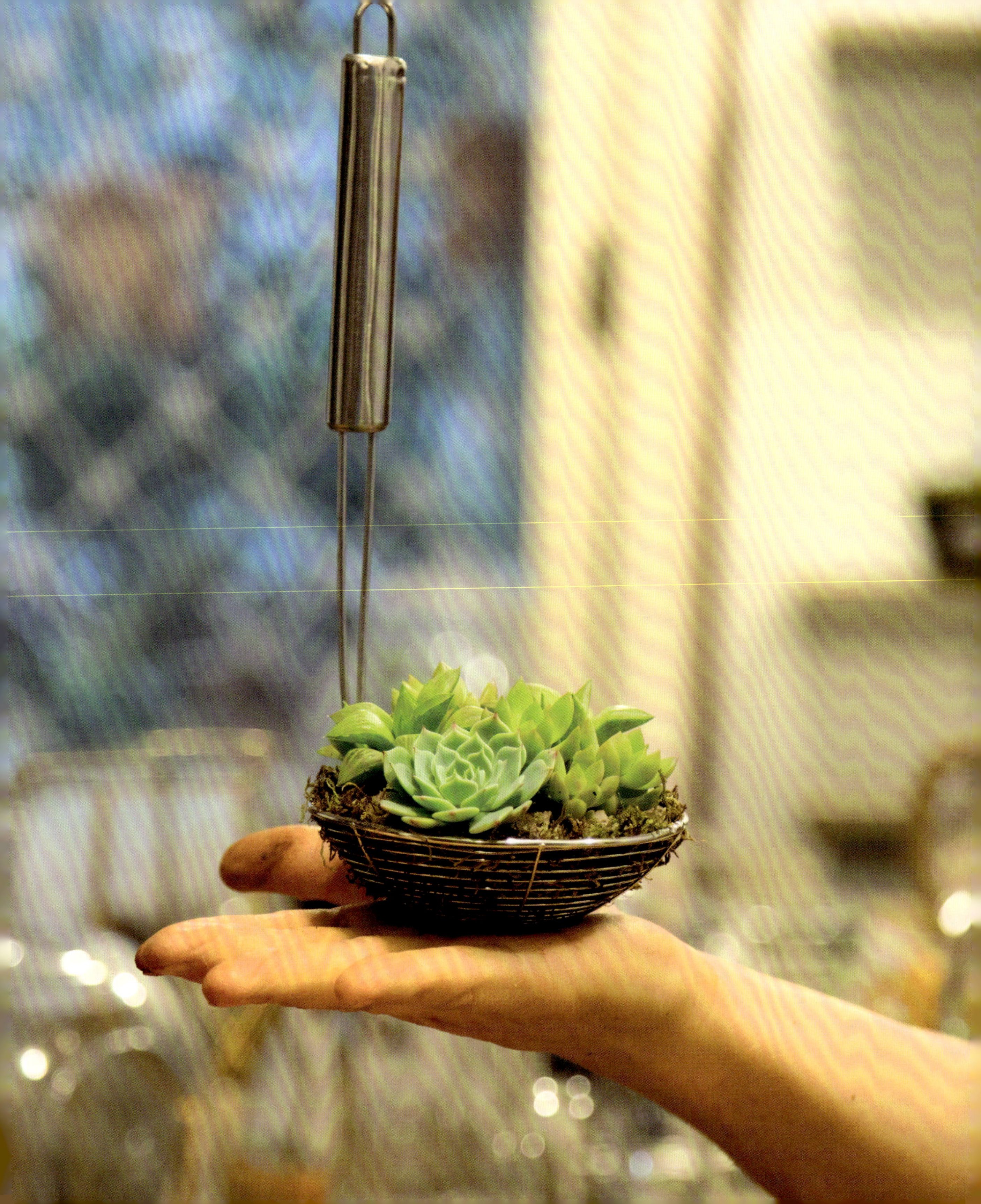

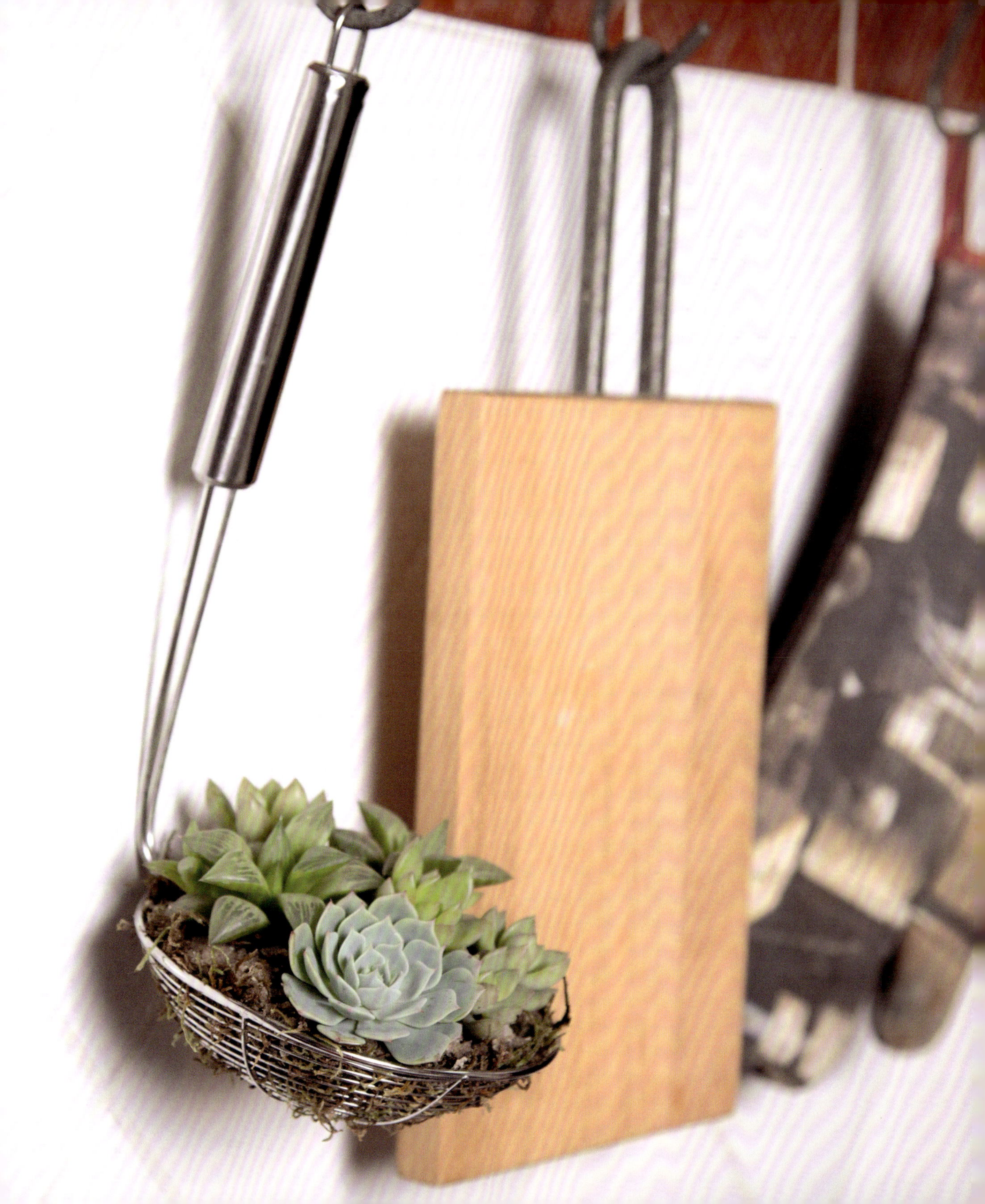

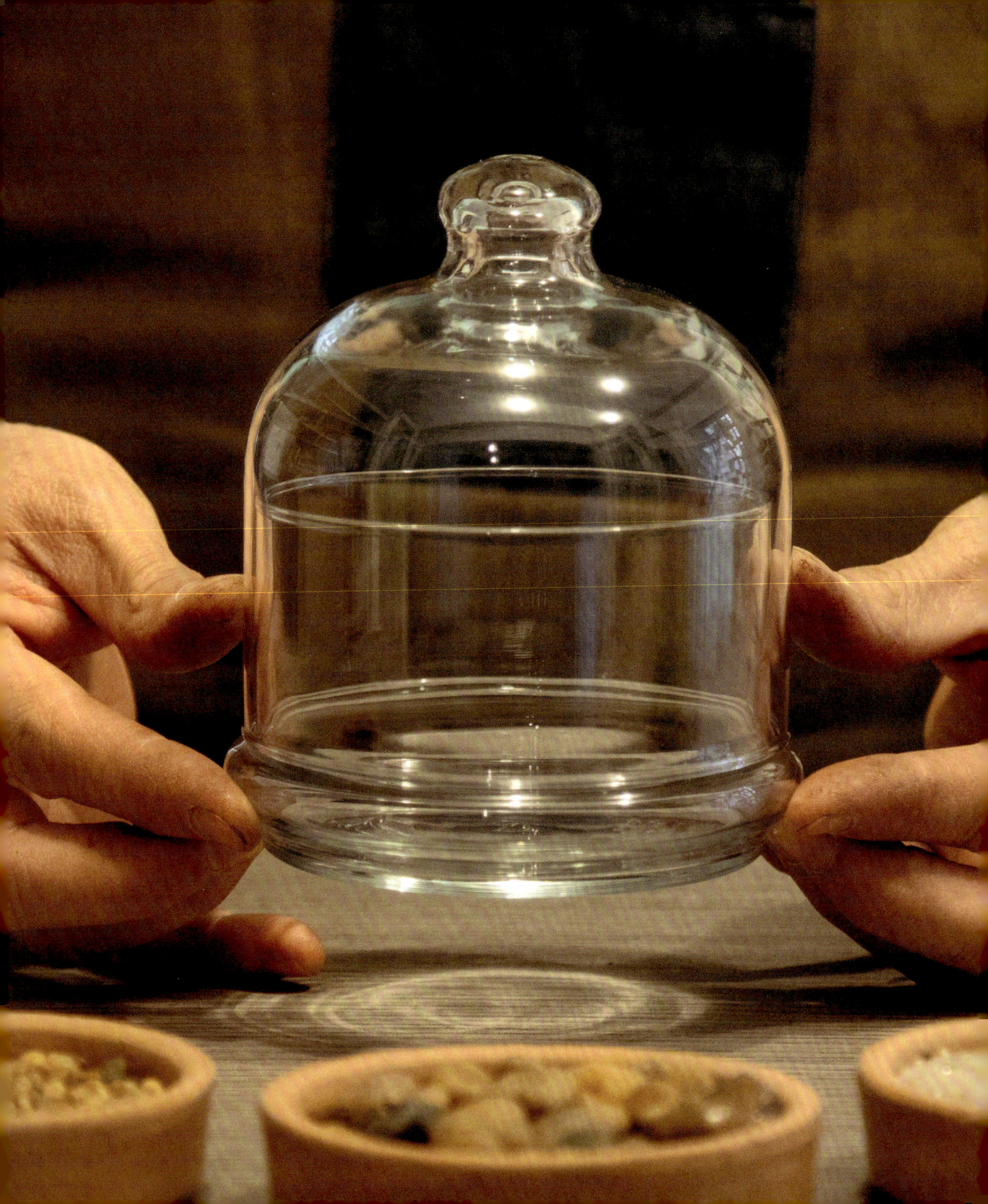

CASAMENTO NA MANTEIGUEIRA

Sabe aquela família perfeita dos antigos comerciais de margarina? Que tal simular uma dessas com os personagens, fazendo um casamento em miniatura na manteigueira de vidro?

PASSO A PASSO

1. Separe os materiais que vai utilizar e lave a manteigueira com água e detergente neutro. Deixe secar ao ar livre ou então seque-a usando um papel-toalha limpo.

2. Construa a base do terrário com pedriscos maiores e intercale com terra e areia. Utilize um socador para nivelar as camadas, se necessário.

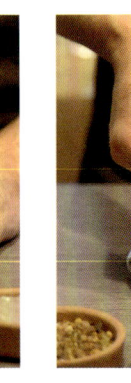

3. Crie uma barreira próxima ao vidro utilizando as pedras maiores e preencha o fundo com terra.

4 . Preencha a parte traseira do terrário com o musgo e faça o acabamento da frente com areia e pequenos pedriscos. Se necessário, utilize um pincel para acertar as camadas.

5 . Acrescente as plantas com o auxílio de uma pinça e regue o terrário com uma pipeta, sem deixar encharcar.

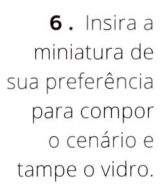

6 . Insira a miniatura de sua preferência para compor o cenário e tampe o vidro.

7 . Agora é só colocar seu terrário em um local que receba bastante luz natural, mas sem incidência direta do sol.

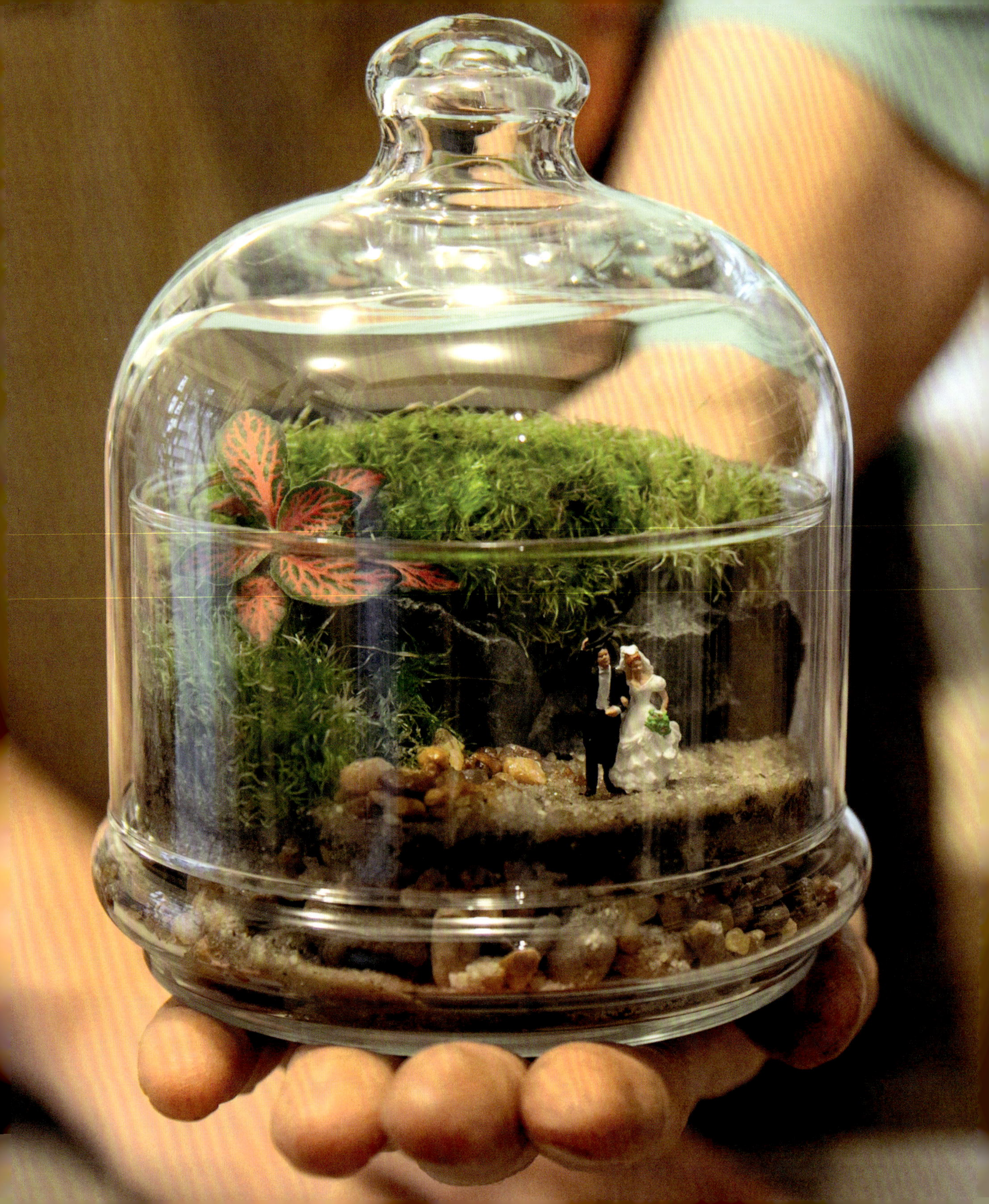

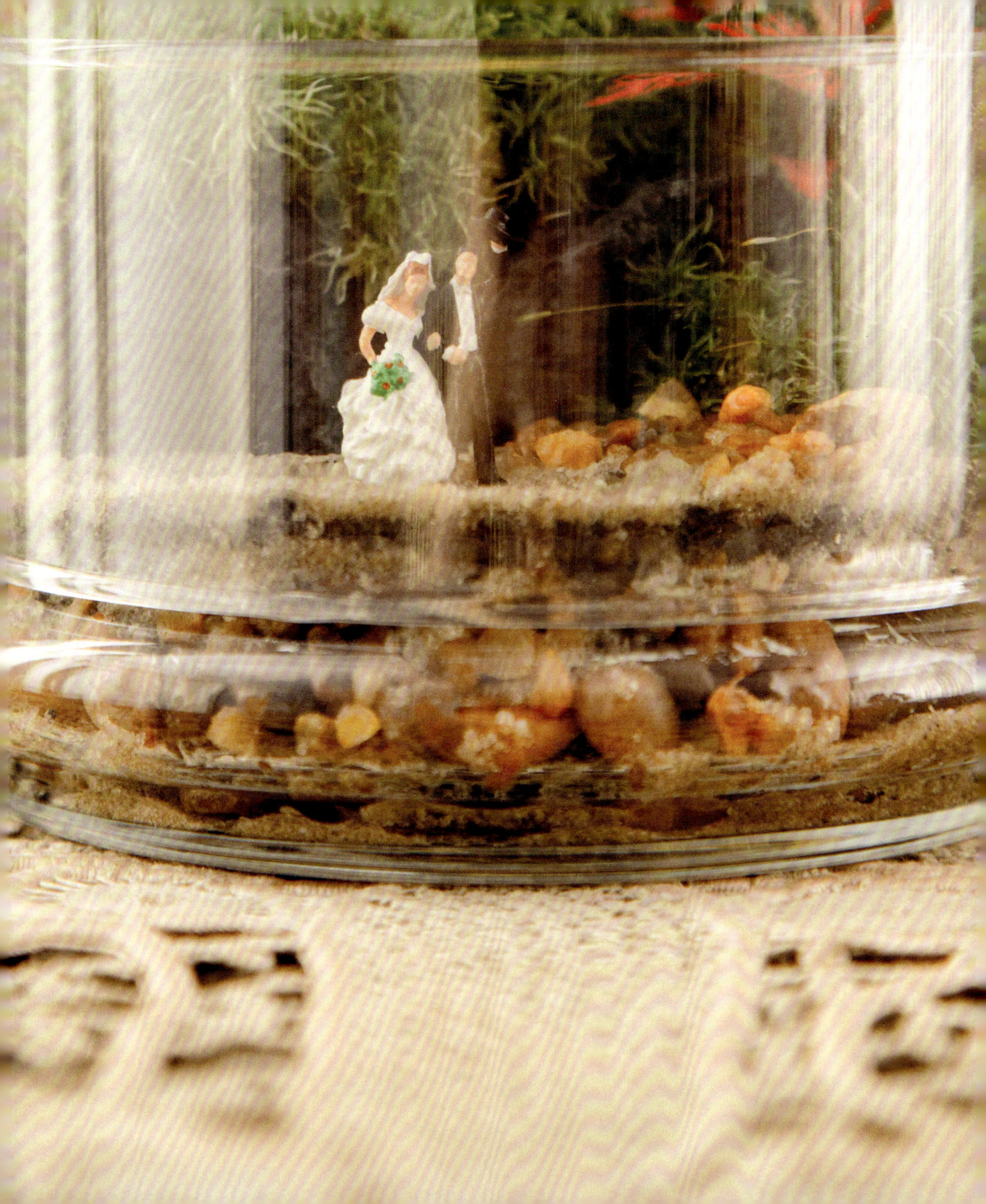

MUSGO NA LÂMPADA

Está sem criatividade para montar seu terrário? Não se preocupe, pois esta inspiração lhe trará uma luz!

Este jardim é um pouco mais complexo de construir em virtude do tamanho e das especificidades da lâmpada, porém não é impossível!

Você vai precisar de uma luva de proteção, de um alicate de bico, de uma chave de fenda e de uma cola bem potente, além das ferramentas comuns aos demais terrários. Redobre o cuidado e mãos à obra!

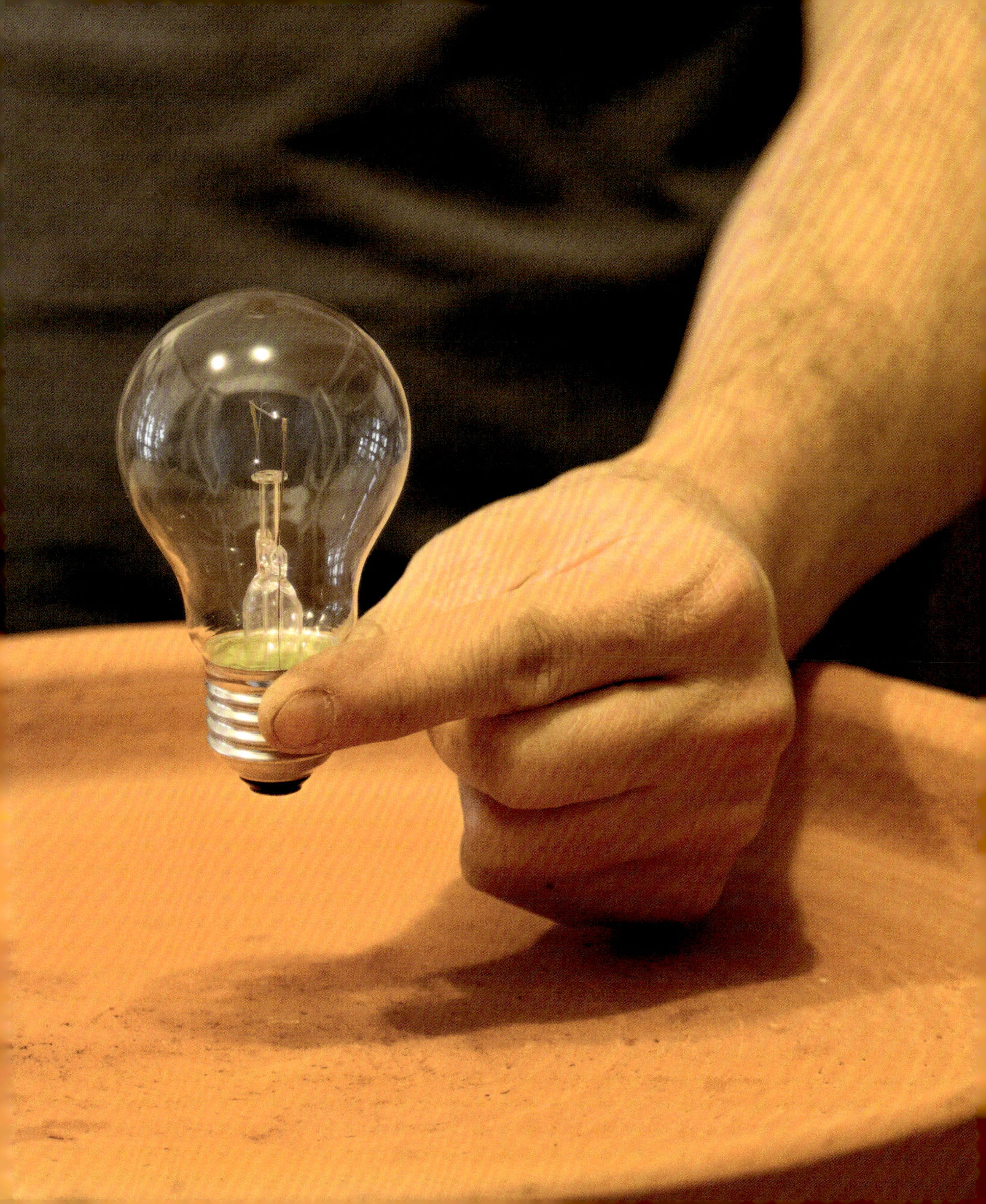

PASSO A PASSO

1. Com o auxílio do alicate, retire o ponto de solda da lâmpada, torça e retire o metal. É muito importante utilizar uma luva como proteção, pois o vidro da lâmpada é fino e frágil.

2. Ainda com o alicate, quebre o isolante de vidro preto e retire-o completamente.

3. Quebre o tubo interno e o fio de tungstênio com o auxílio de uma chave de fenda ou de uma vareta de metal. Remova todo esse material de dentro da lâmpada através do furo, tomando muito cuidado para não restar nenhum caco e para não se cortar.

4. Lave o interior da lâmpada com água e detergente neutro. Deixa-a secar naturalmente e, em seguida, cole-a sobre uma rolha ou outra superfície que servirá como suporte.

5. Com o auxílio de um funil, crie a base do terrário colocando os pedriscos e intercalando-os com camadas de terra e areia. (Muito cuidado na hora de inserir os elementos na lâmpada, lembre-se de que o vidro é frágil!)

6. Utilizando uma pinça, insira as pedrinhas maiores para decorar e em seguida separe pequenas porções de musgo para inserir no jardim.

7. Ainda com a pinça, introduza o musgo delicadamente e arrume-o atrás das pedrinhas.

8. Por fim, regue o terrário utilizando um conta-gotas, uma pipeta ou uma seringa, pingando uma média de quinze a vinte gotinhas. Em seguida, tampe a lâmpada com uma rolha.

9. Agora é só colocar o terrário em um local com bastante luz natural, mas sem incidência direta do sol.

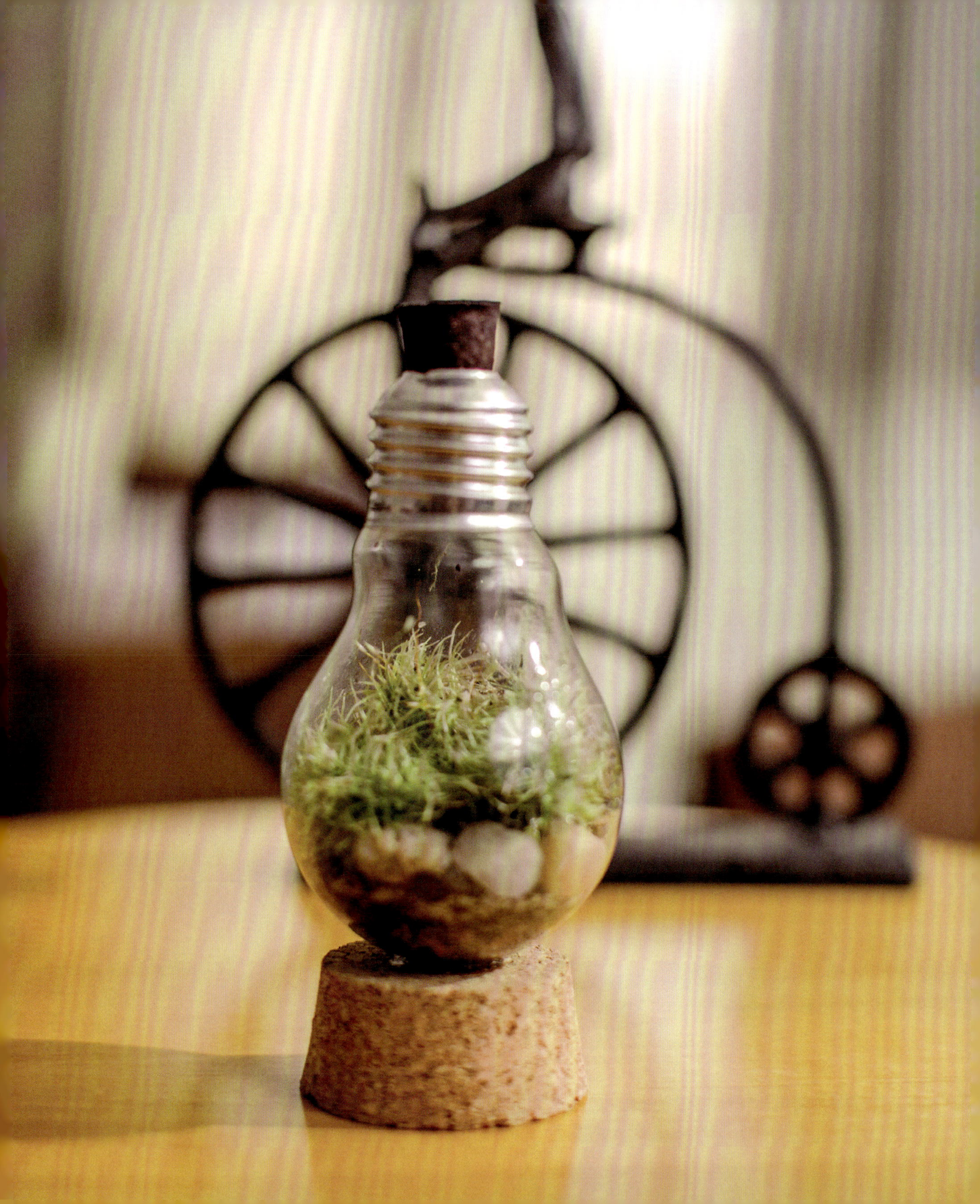

JARDIM NA GARRAFA DE LICOR

Sabe aquela bebida que você consumiu, mas ficou com pena de jogar a garrafa fora, de tão bonita que era? Criando um jardim dentro dela você reaproveita o vidro e ainda o transforma em um excelente objeto de decoração!

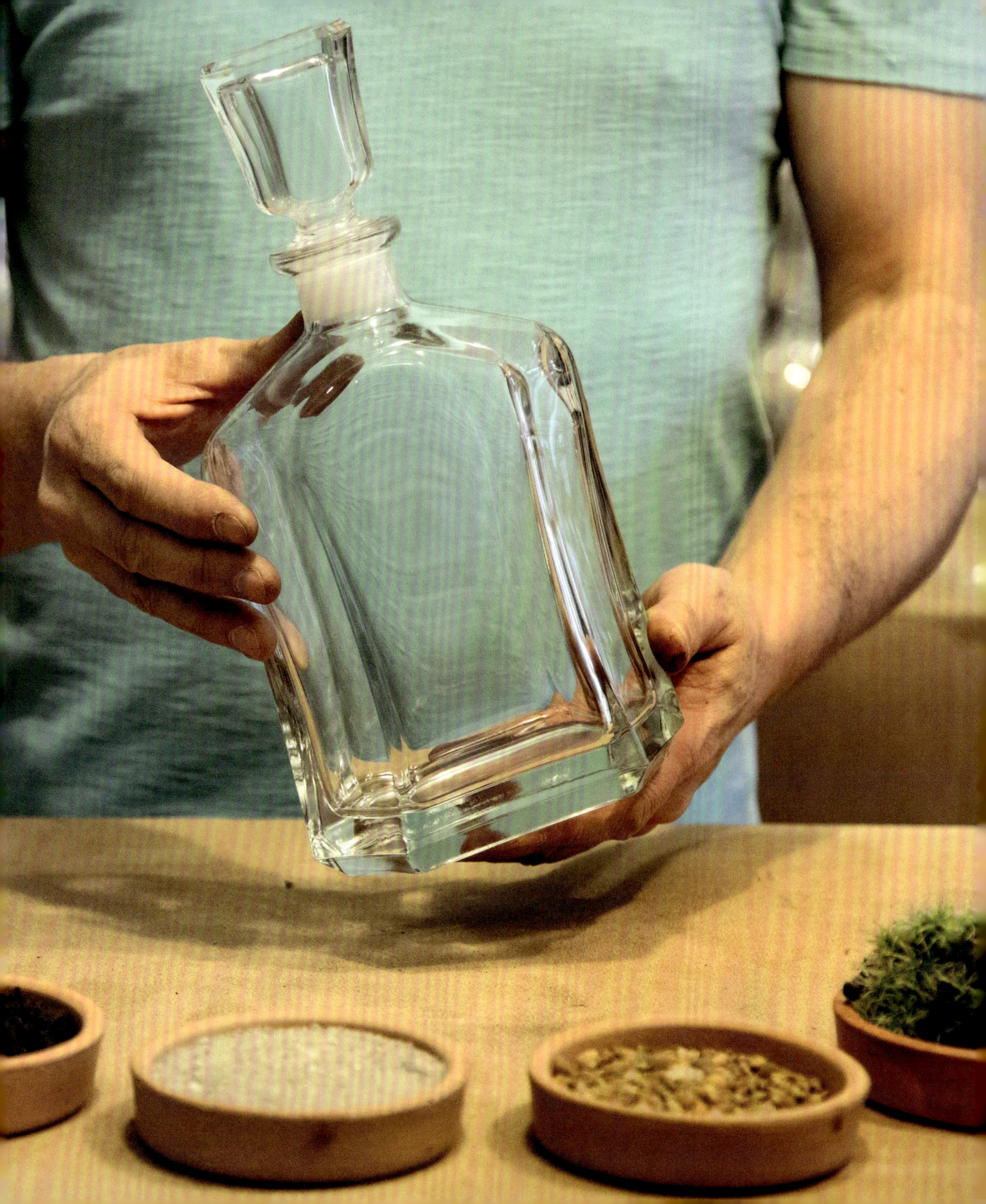

PASSO A PASSO

1. Separe os materiais que vai utilizar e lave a garrafa com água e detergente neutro. Deixe-a secar ao ar livre.

2. Com o auxílio de um funil, crie a base do terrário com pedriscos, terra e areia, intercalando as camadas. Se desejar, utilize um pincel para deixá-las mais regulares.

3. Insira as pedras maiores para decorar utilizando uma pinça.

4. Ainda com a pinça, introduza os musgos no terrário até preencher toda a parte traseira da garrafa.

5. Regue o terrário utilizando uma pipeta, um conta-gotas ou uma seringa. Umedeça a terra sem deixar encharcar.

6. Insira a miniatura de sua preferência para compor o cenário e tampe o vidro.

7. Agora é só colocar o terrário em um local com bastante luz natural, mas sem incidência direta do sol.

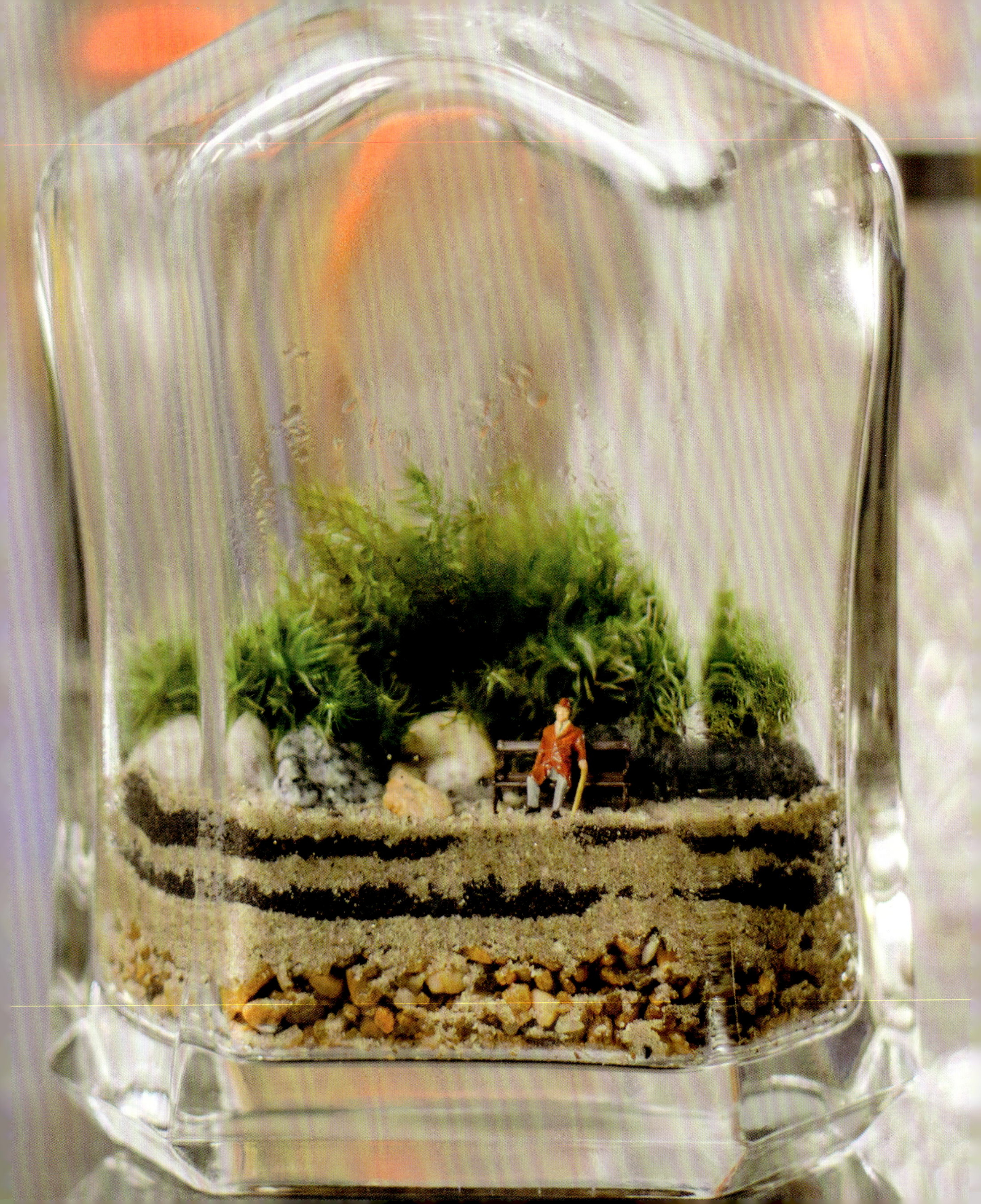

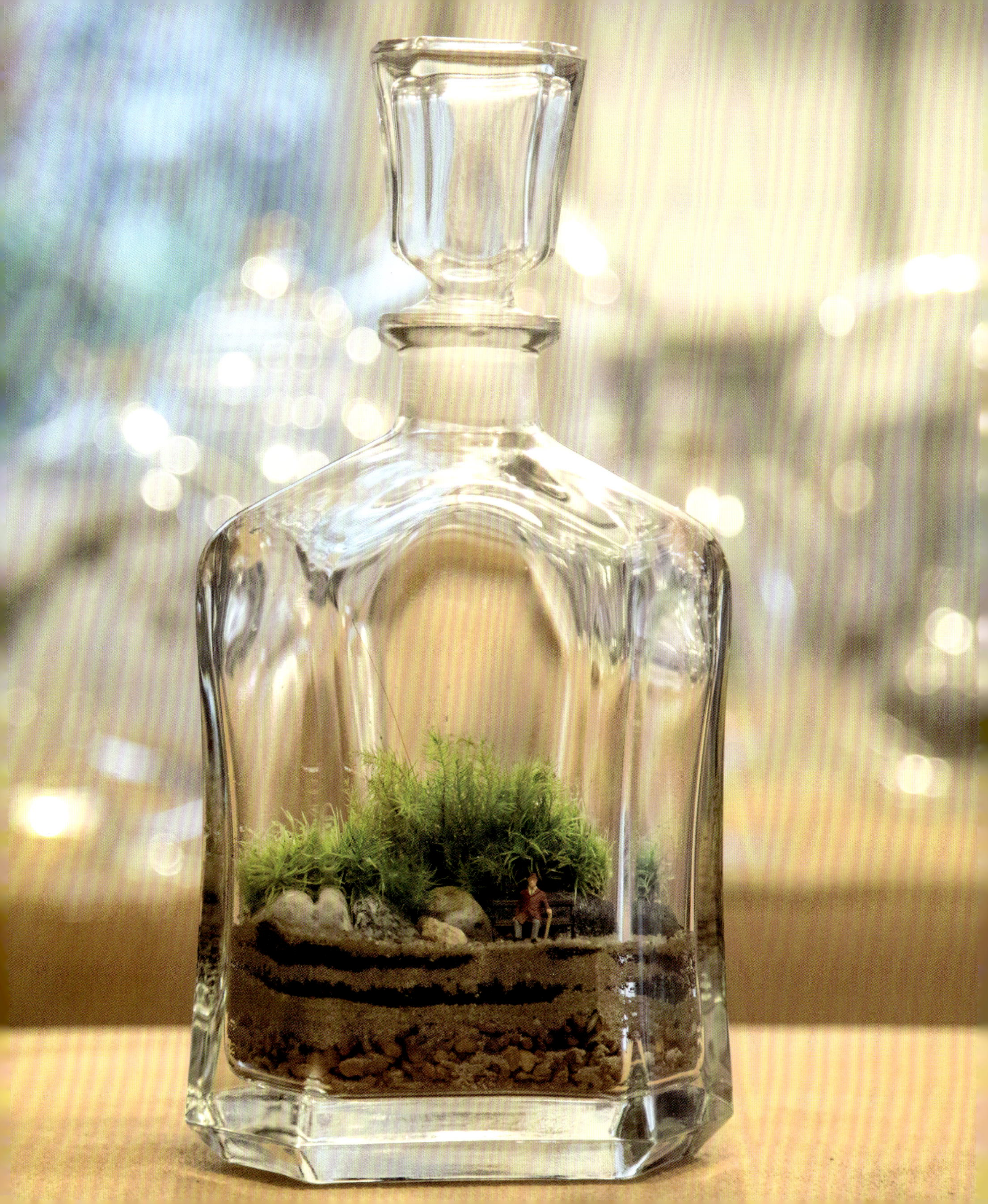

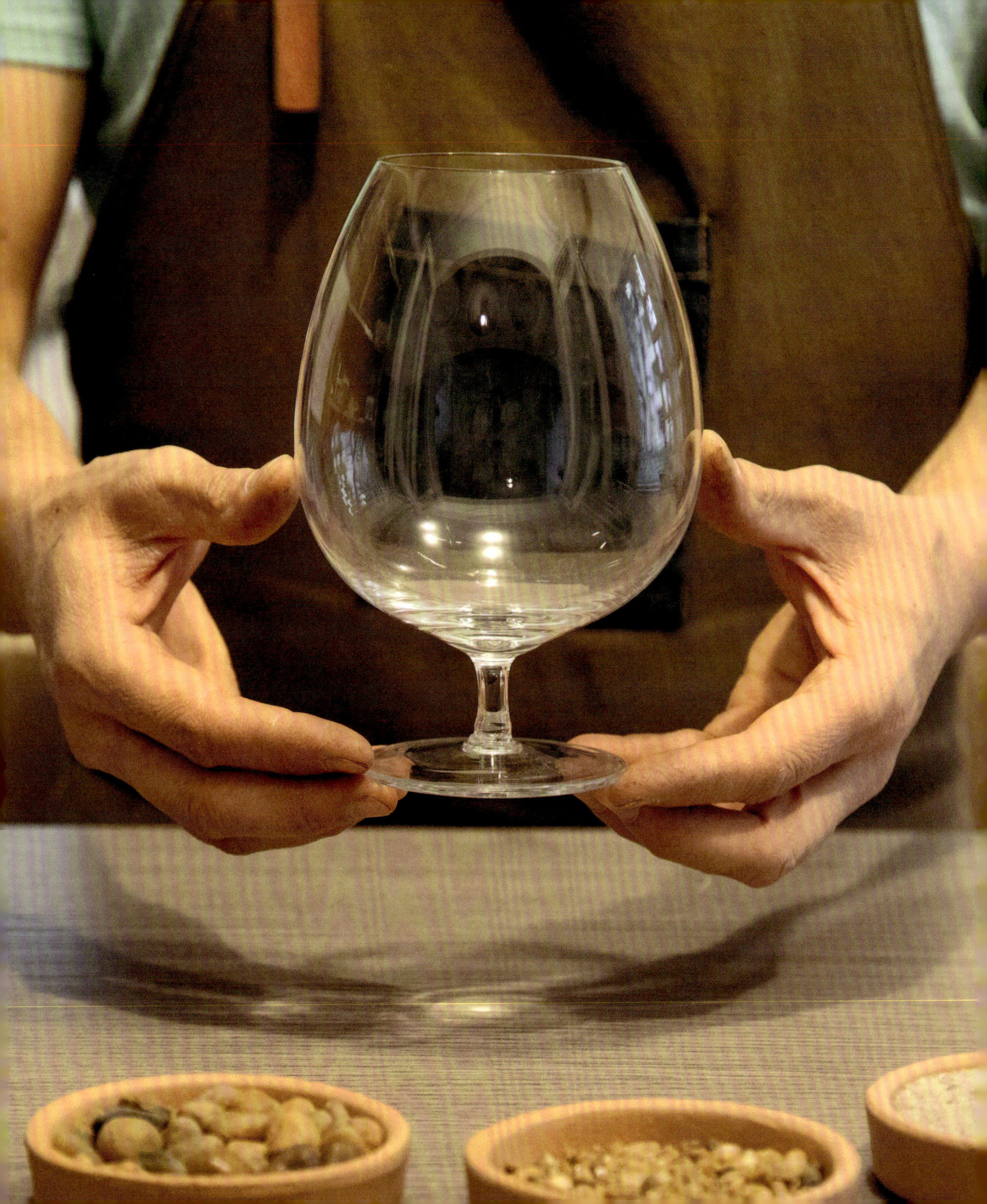

PRAIA NA TAÇA

Se você adora o mar, a areia e o sol, mas mora longe do litoral, uma boa sugestão é reproduzir a praia dentro do seu terrário. Nesta peça usamos uma taça como vidro, e o mar foi representado pela areia colorida.

PASSO A PASSO

1. Separe os materiais que vai utilizar e lave a taça com água e detergente neutro. Deixe secar ao ar livre ou então seque-a usando um papel-toalha limpo.

2. Construa a base com pedriscos e intercale com camadas de areia.

3. Distribua uma camada de terra por toda a taça, nivelando a altura com o auxílio de um pincel.

4. Intercale areia e terra novamente para dar acabamento e faça uma barreira na parte mais externa da taça utilizando as pedras maiores. (Se for necessário, use uma pinça para facilitar a colocação das pedras.)

5. Com o auxílio de uma colher, preencha a parte traseira com mais terra e em seguida separe pequenos pedaços de musgo utilizando uma pinça.

6. Preencha a parte traseira do terrário com musgo e a parte da frente com areia fina.

7. Distribua a areia com o auxílio de um pincel para ficar uniforme e em seguida mescle areia colorida em tons de azul para simular a água do mar.

9. Insira a miniatura de sua preferência para compor o cenário e posicione-a com o auxílio de uma pinça.

8. Regue seu terrário com uma pipeta, um conta-gotas ou uma seringa, sem deixar encharcar.

10. Nesse caso, optamos por manter o terrário fechado usando uma tampa de vidro circular. Mas você também pode utilizar uma rolha, se o tamanho for correspondente à abertura do vidro.

11. Agora é só colocar o terrário em um local com bastante luz natural, mas sem incidência direta do sol.

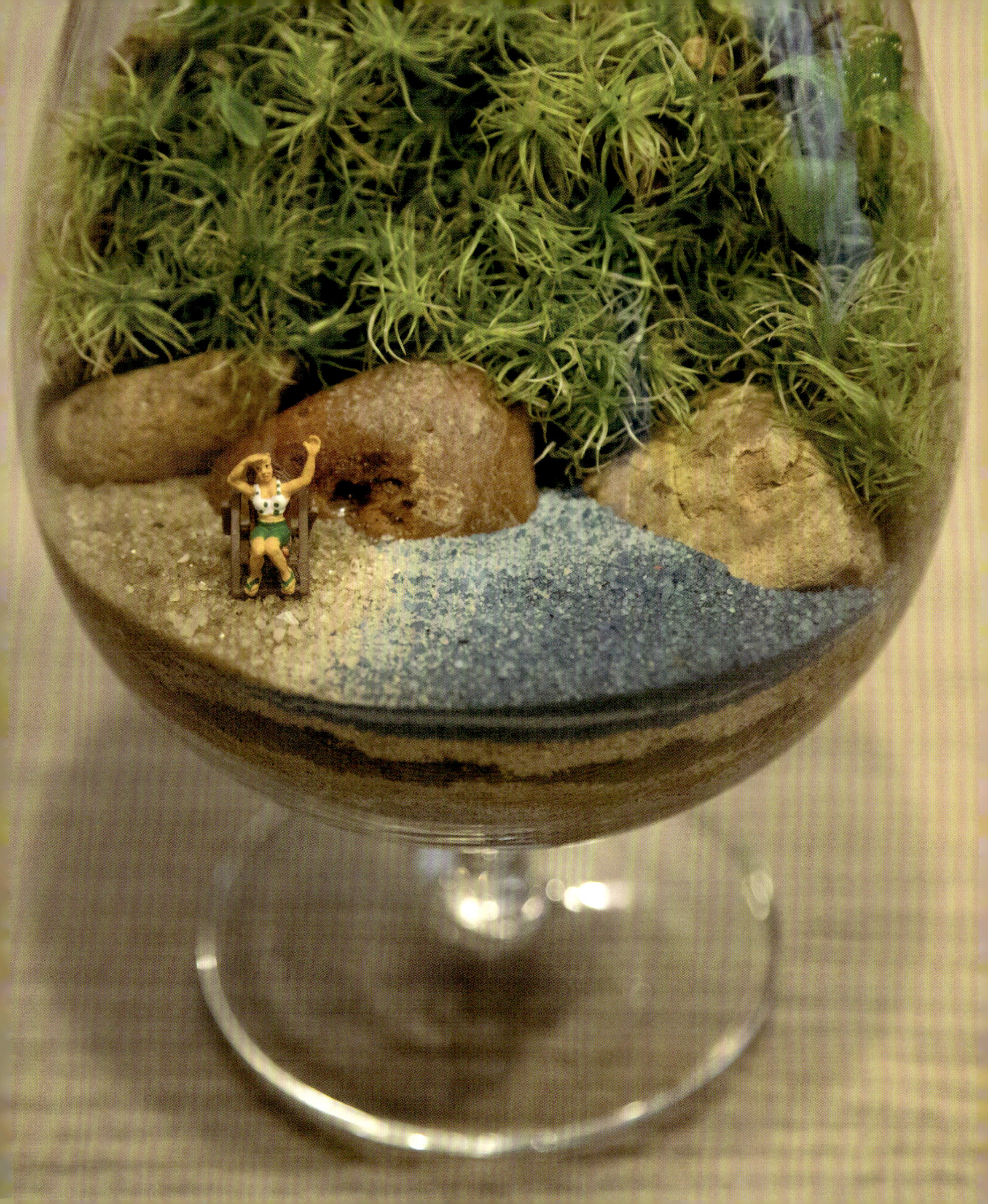

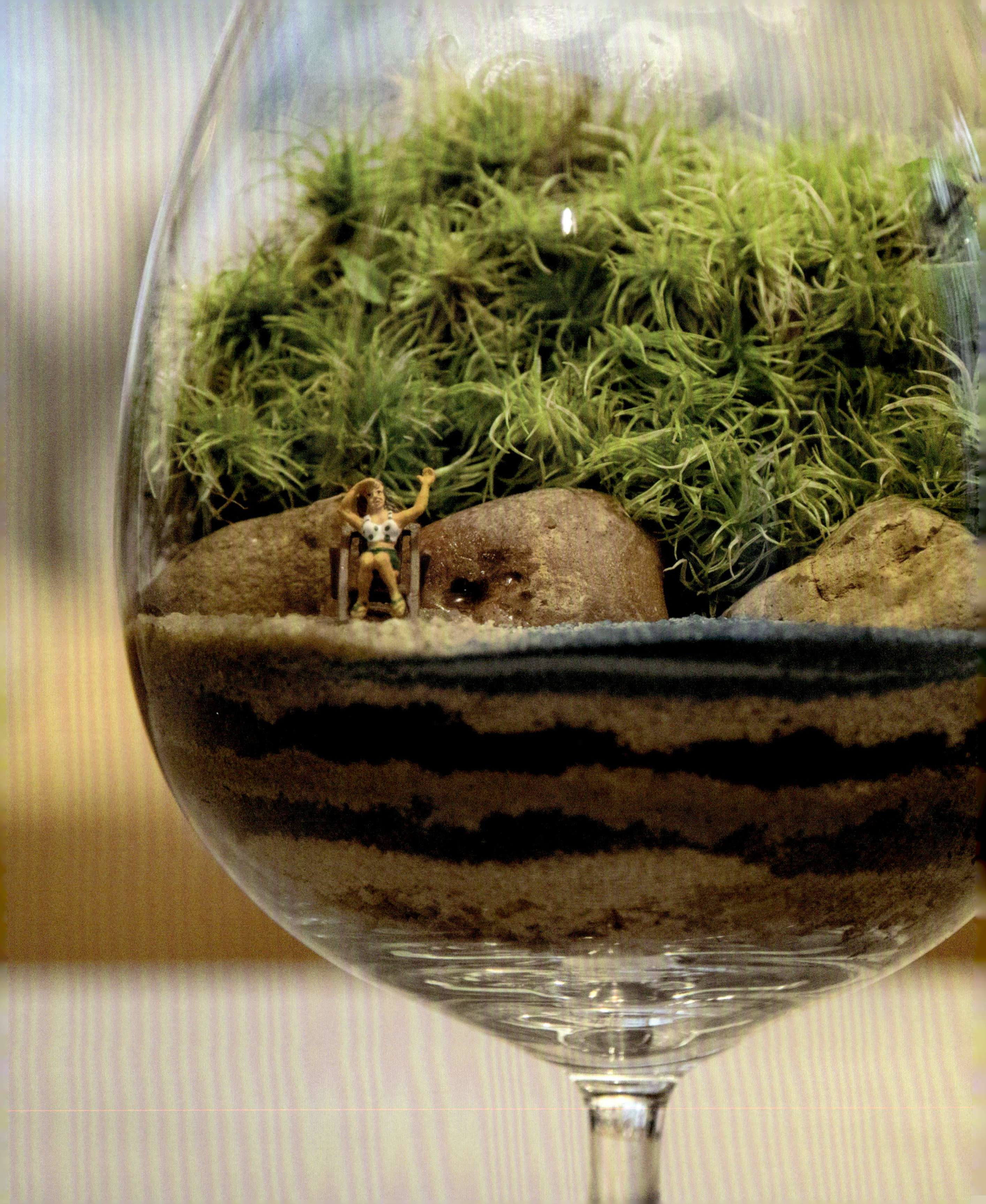

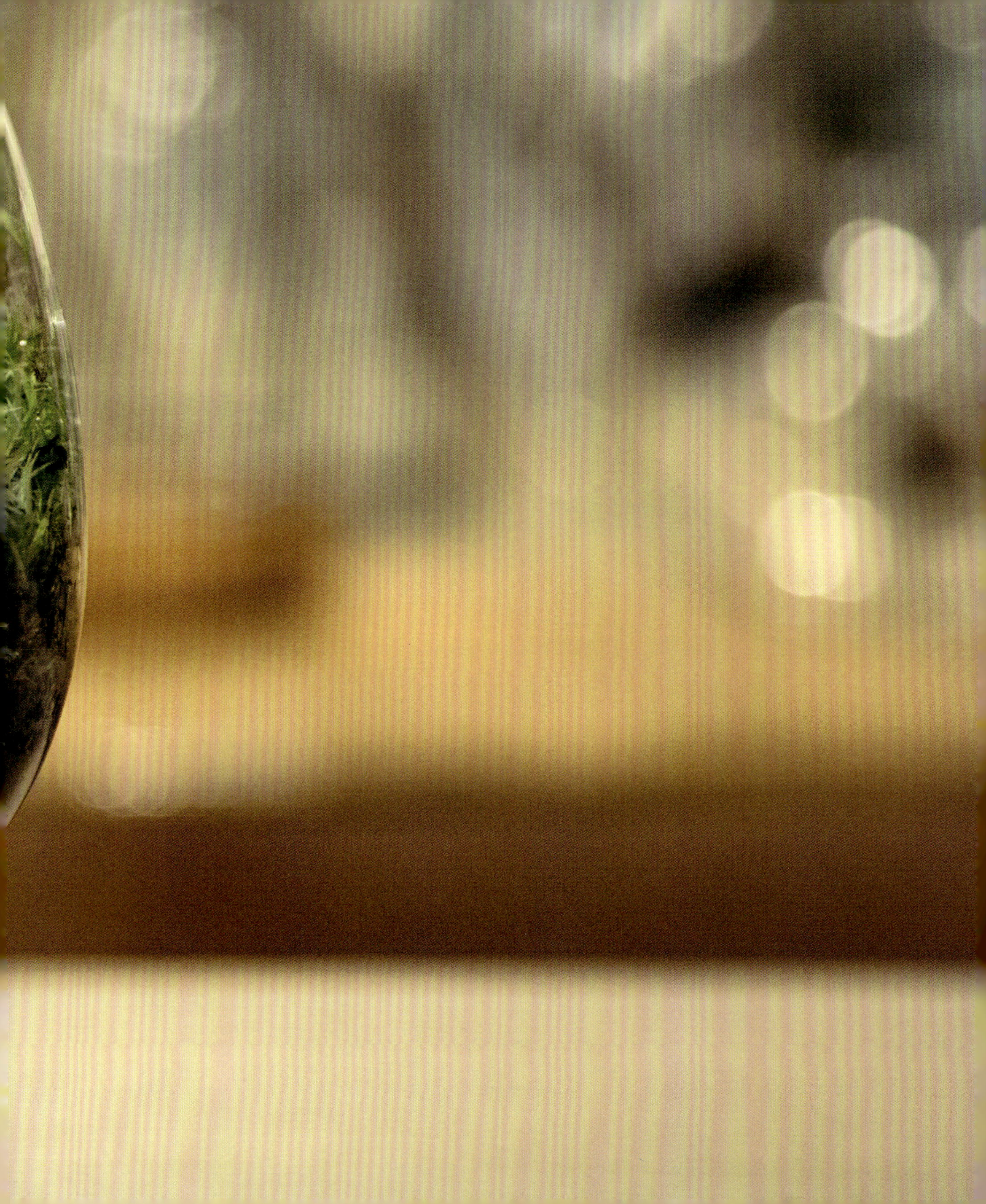

TEMPERINHO

A falta de espaço realmente não é uma desculpa para não ter um terrário em casa, pois veja como até um vidrinho de tempero da sua cozinha pode servir de inspiração! Com ele você adiciona uma pitada de verde e de criatividade ao seu ambiente.

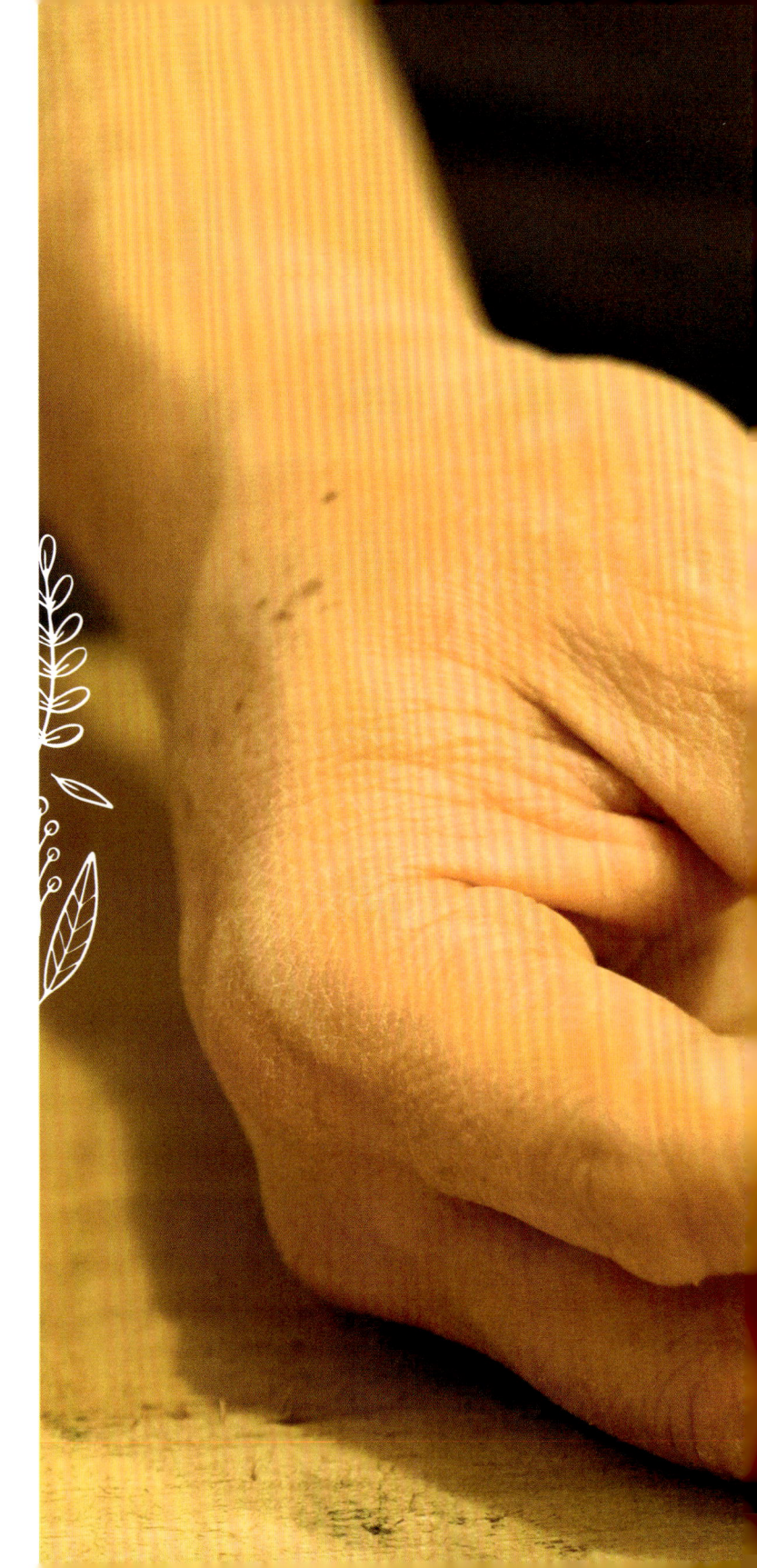

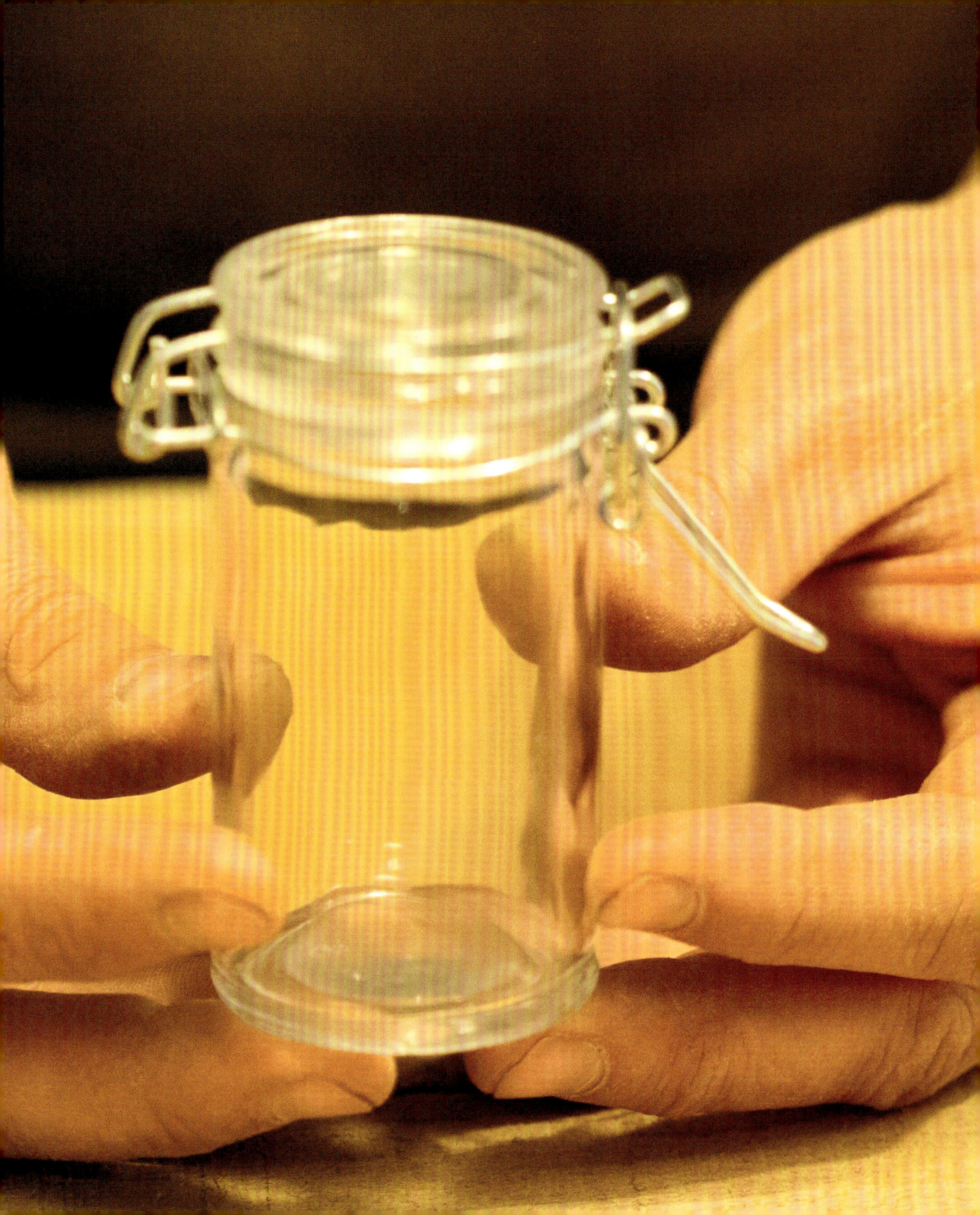

PASSO A PASSO

1. Lave bem o vidro de tempero com água e detergente neutro. Se ele tiver sido utilizado antes, esfregue com uma esponja para tirar os resíduos. Deixe secar ao ar livre ou então seque-o usando um papel-toalha limpo.

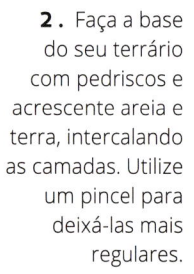

2. Faça a base do seu terrário com pedriscos e acrescente areia e terra, intercalando as camadas. Utilize um pincel para deixá-las mais regulares.

3. Com o auxílio de uma pinça, coloque duas pedrinhas no centro do vidro para decorar e, em seguida, acrescente um pedaço de musgo na parte traseira.

4. Regue seu terrário utilizando um conta-gotas, uma pipeta ou uma seringa, sem deixar encharcar, e tampe o vidro.

5. Agora é só colocar seu terrário em um local com bastante luz natural, mas sem incidência direta do sol.

164

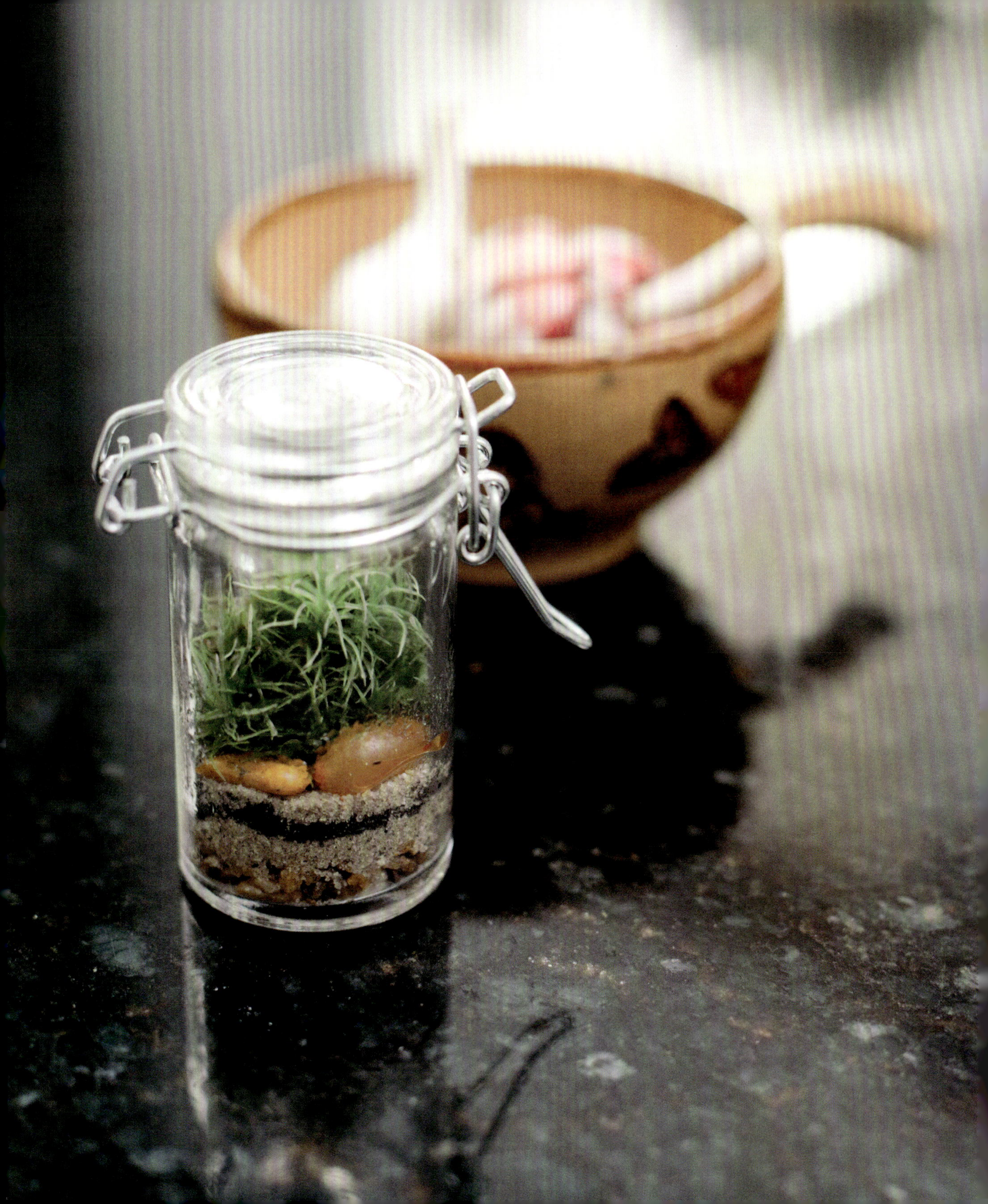

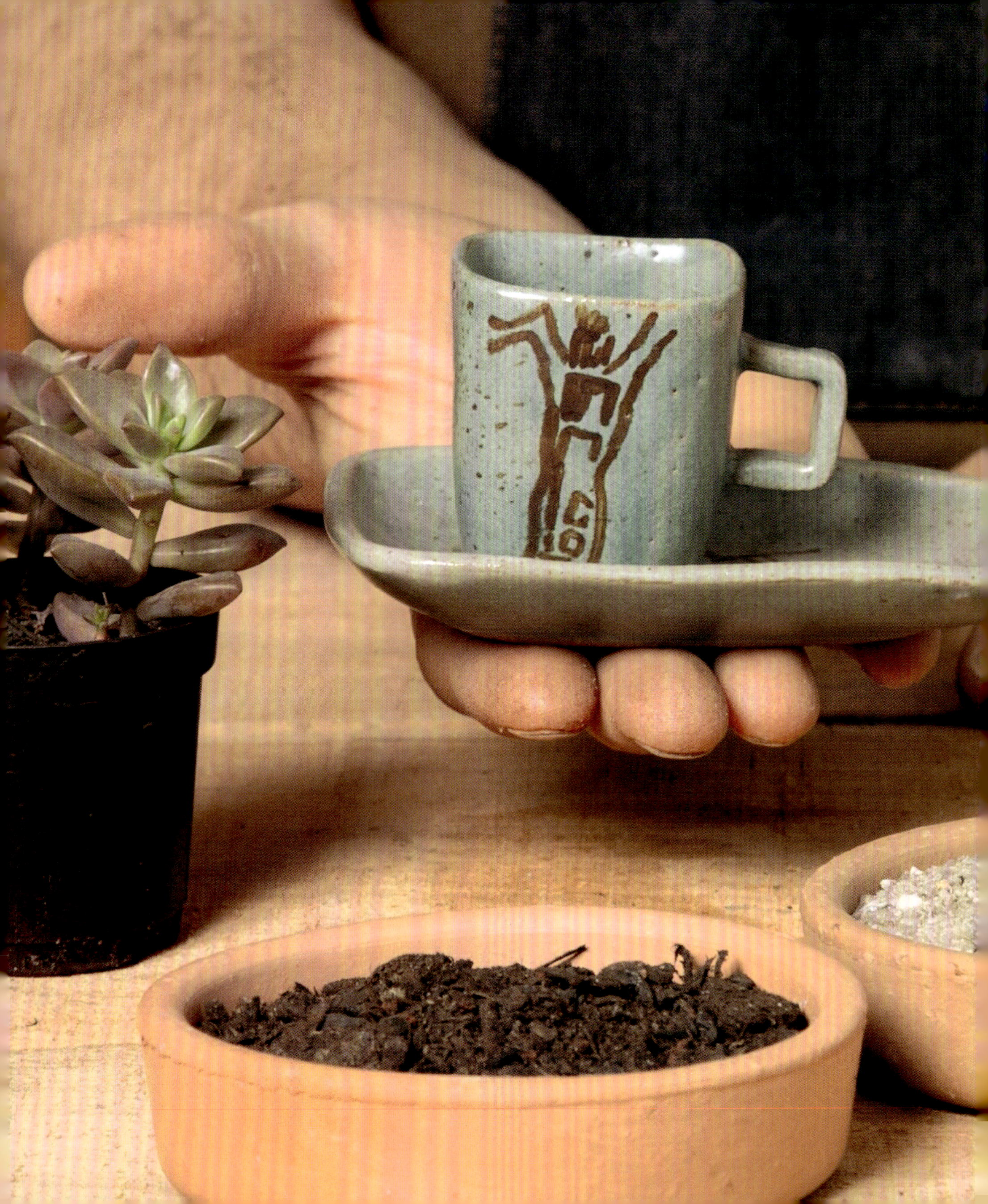

JARDIM NA XÍCARA

Ainda na temática das peças vindas da cozinha, se você tiver uma xícara que trincou levemente e já não pode mais ser usada para servir café, ou que é tão charmosa que funcionaria muito bem como item de decoração, siga esses passos simples e transforme-a em um minijardim de suculentas para enfeitar sua casa ou sua mesa no trabalho.

(Seguindo esse mesmo princípio, você também pode aproveitar canecas e até copos com formatos diferenciados!)

PASSO A PASSO

1. Separe os materiais que vai utilizar e lave bem a xícara com água e detergente neutro. Deixe secar ao ar livre ou então seque-a usando um papel-toalha limpo.

2. Faça a base do terrário com pedriscos e coloque terra até quase atingir a borda da xícara. Em seguida, cubra a superfície com areia.

3. Com o borrifador, umedeça levemente a superfície e em seguida faça pequenos furos utilizando o cabo de um pincel.

4. Plante as suculentas nas covinhas com o auxílio de uma pinça até preencher todo o espaço da xícara.

5. Agora é só colocar seu minijardim em um local que receba bastante luz natural, com incidência direta do sol por pelo menos dois ou três dias da semana.

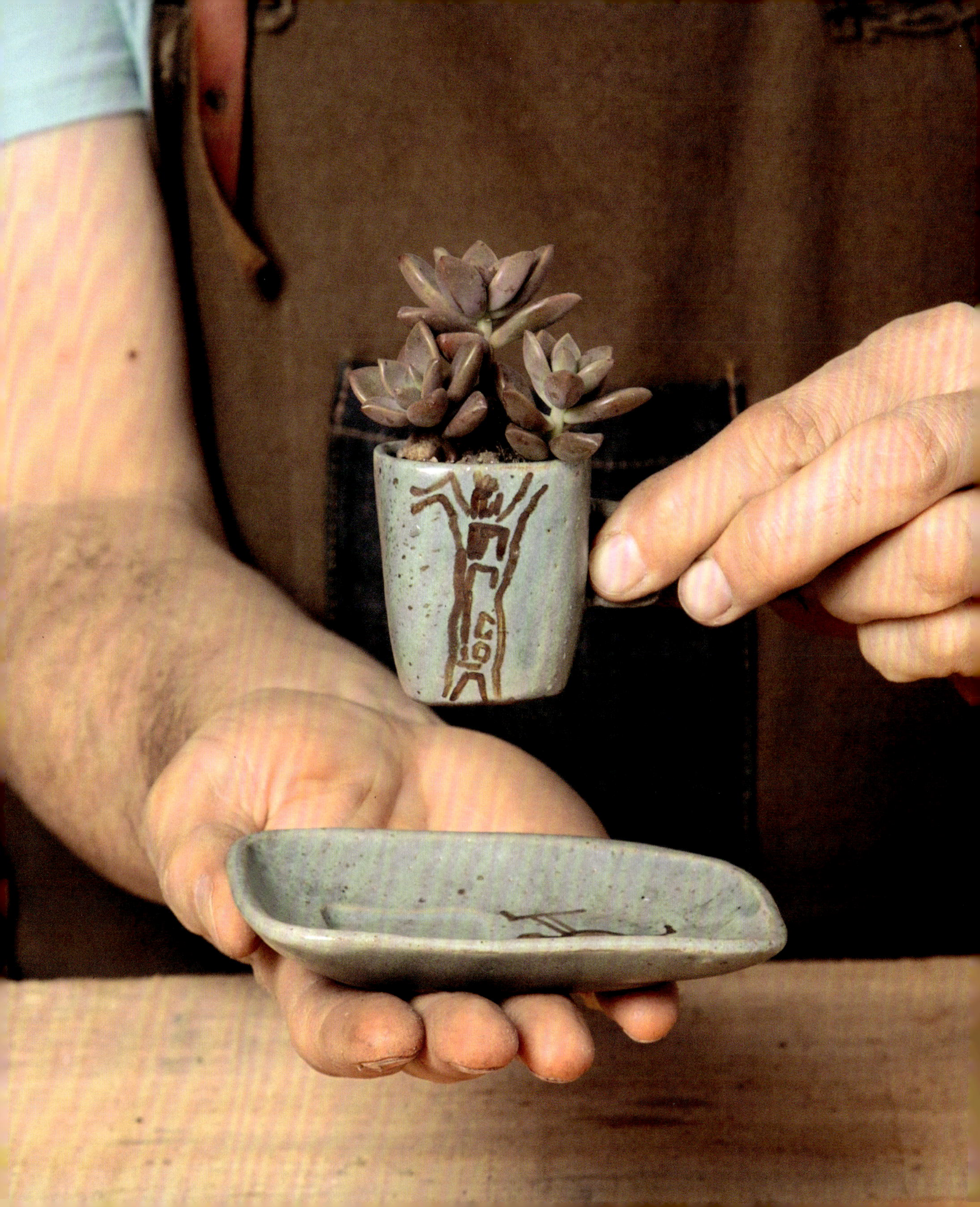

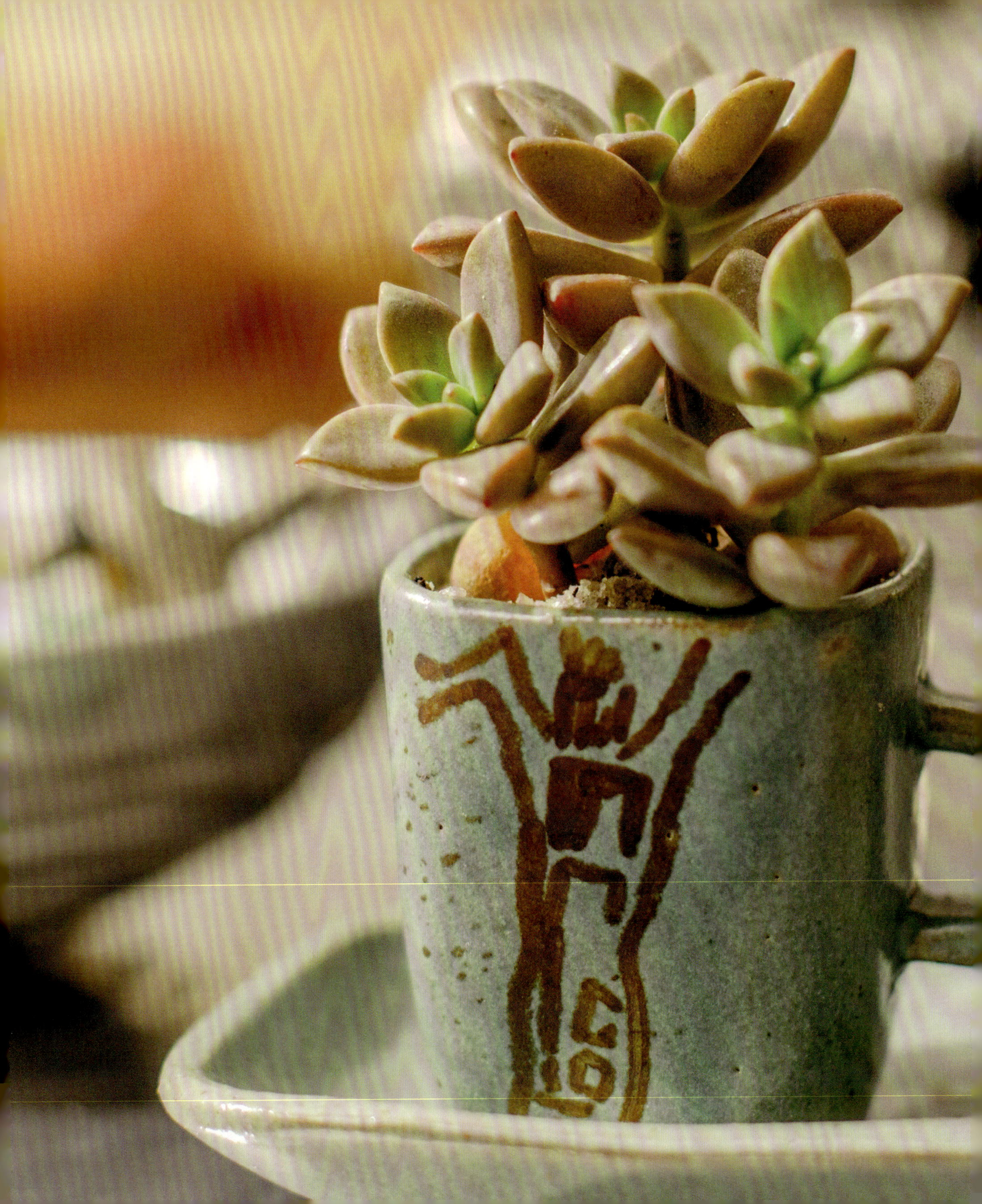

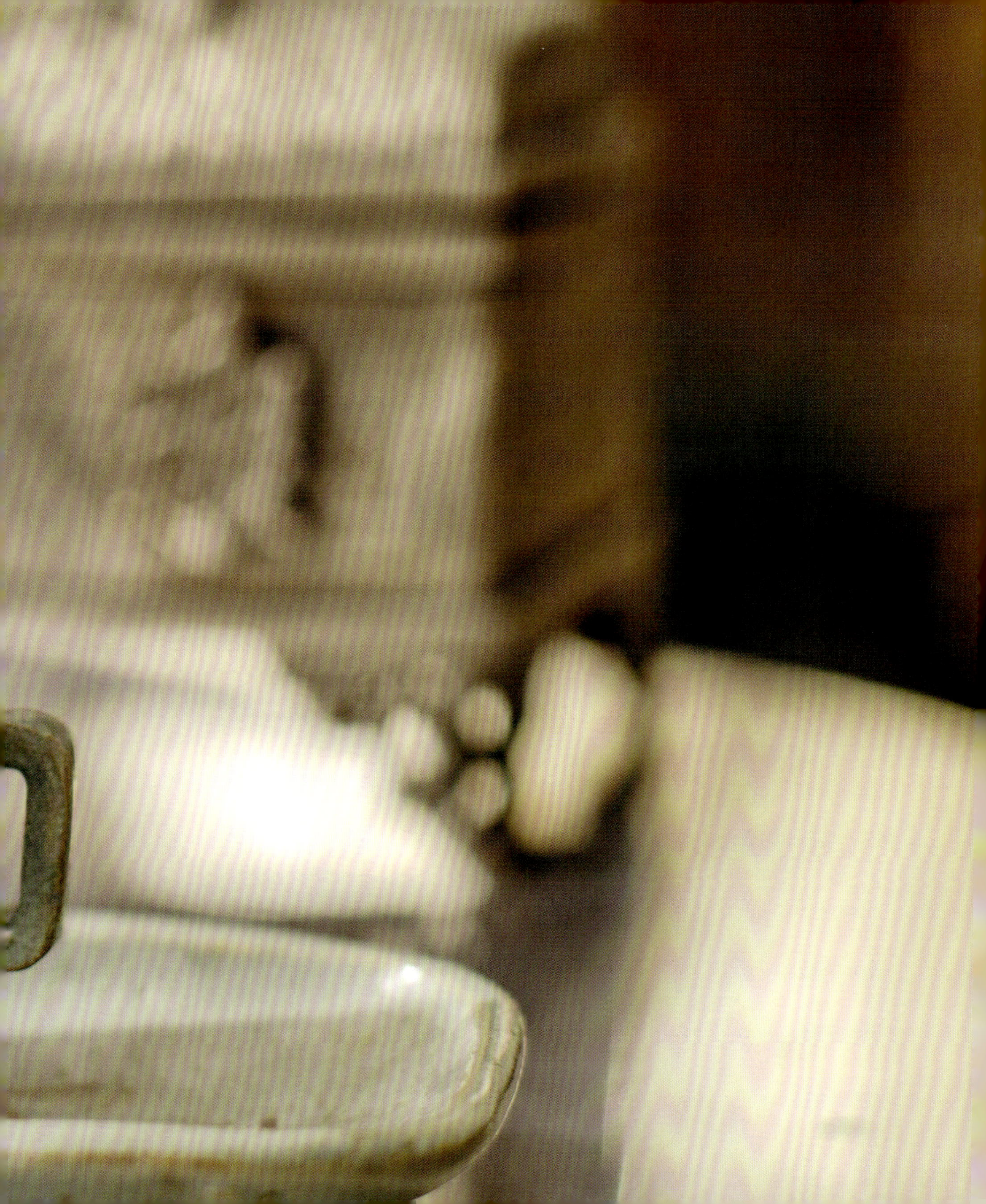

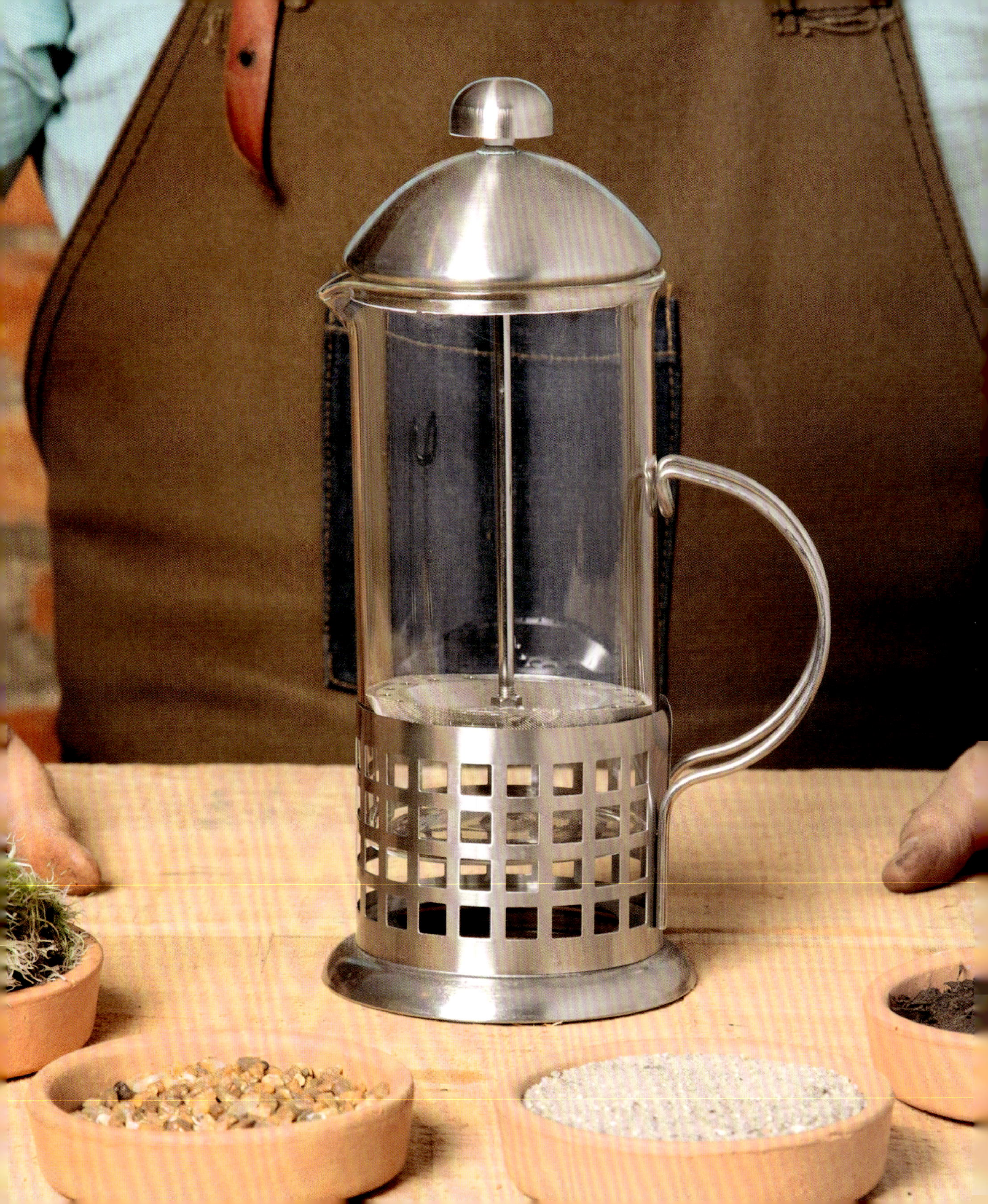

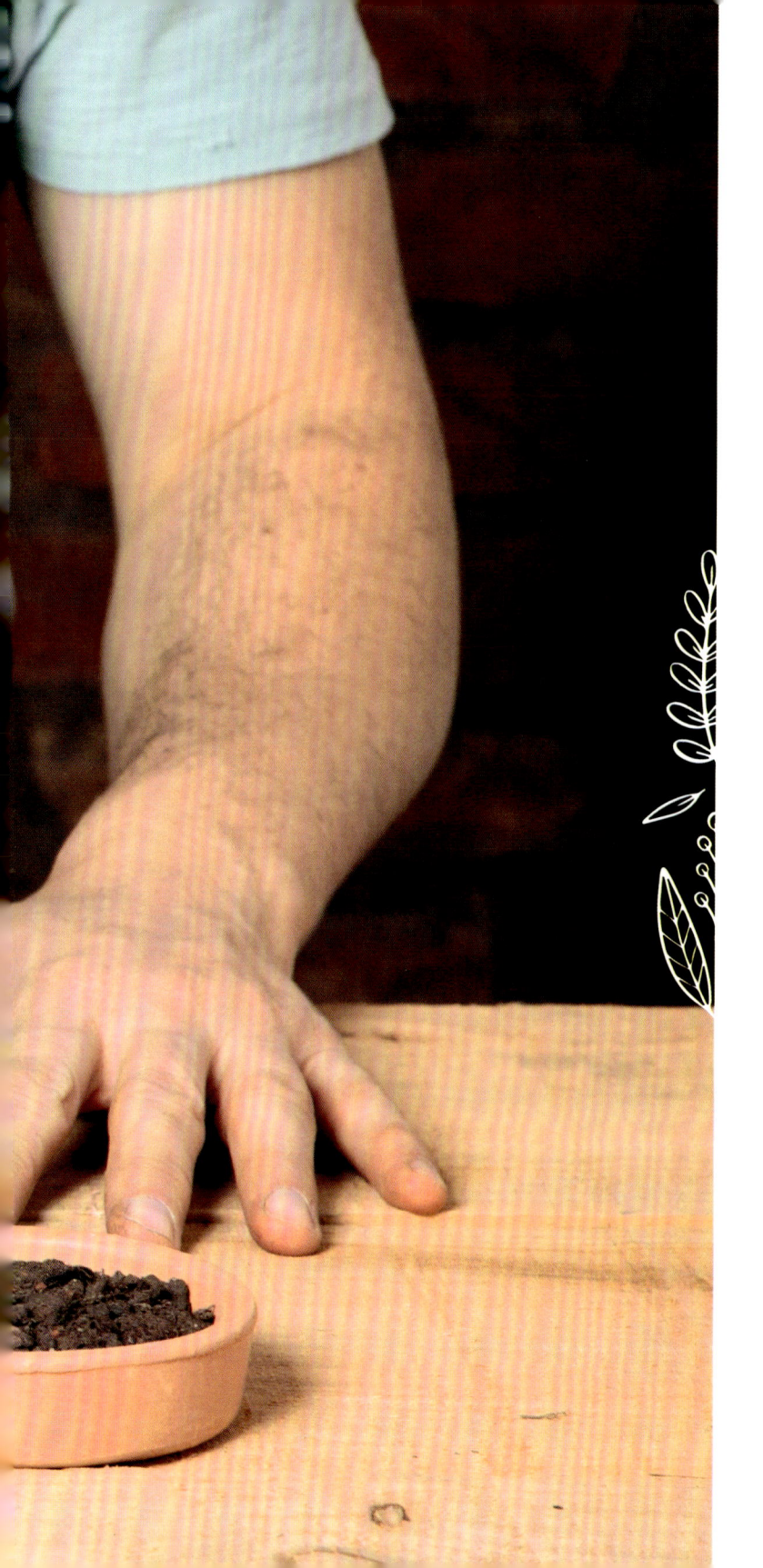

JARDIM NA CAFETEIRA

Esta inspiração de jardim ajudará a complementar o ambiente de quem ama café com um elemento que remete a essa paixão. As cafeteiras muitas vezes têm formatos interessantes, como esta prensa francesa, e por isso rendem belos terrários!

PASSO A PASSO

1. Comece soltando e retirando toda a parte inferior da tampa da prensa francesa. Em seguida, lave bem o vidro com água e detergente neutro (se a cafeteira já tiver sido utilizada, cuidado para não deixar nenhum resíduo de sujeira). Deixe secar ao ar livre ou então seque-a usando um papel-toalha limpo.

2. Crie a base do terrário intercalando pedriscos, areia e terra. Utilize um pincel para deixar as camadas mais regulares.

3. Coloque duas pedras maiores no centro do terrário para decorar e acrescente mais areia e pedriscos pequenos para dar o acabamento.

4. Com o auxílio de uma pinça, coloque o musgo na parte traseira da cafeteira.

5. Regue o terrário utilizando uma pipeta, um conta-gotas ou uma seringa, sem deixar encharcar.

6. Insira as miniaturas de sua preferência e em seguida coloque a tampa da cafeteira com cuidado.

7. Agora é só colocar seu terrário em um local com bastante luz natural, mas sem incidência direta do sol.

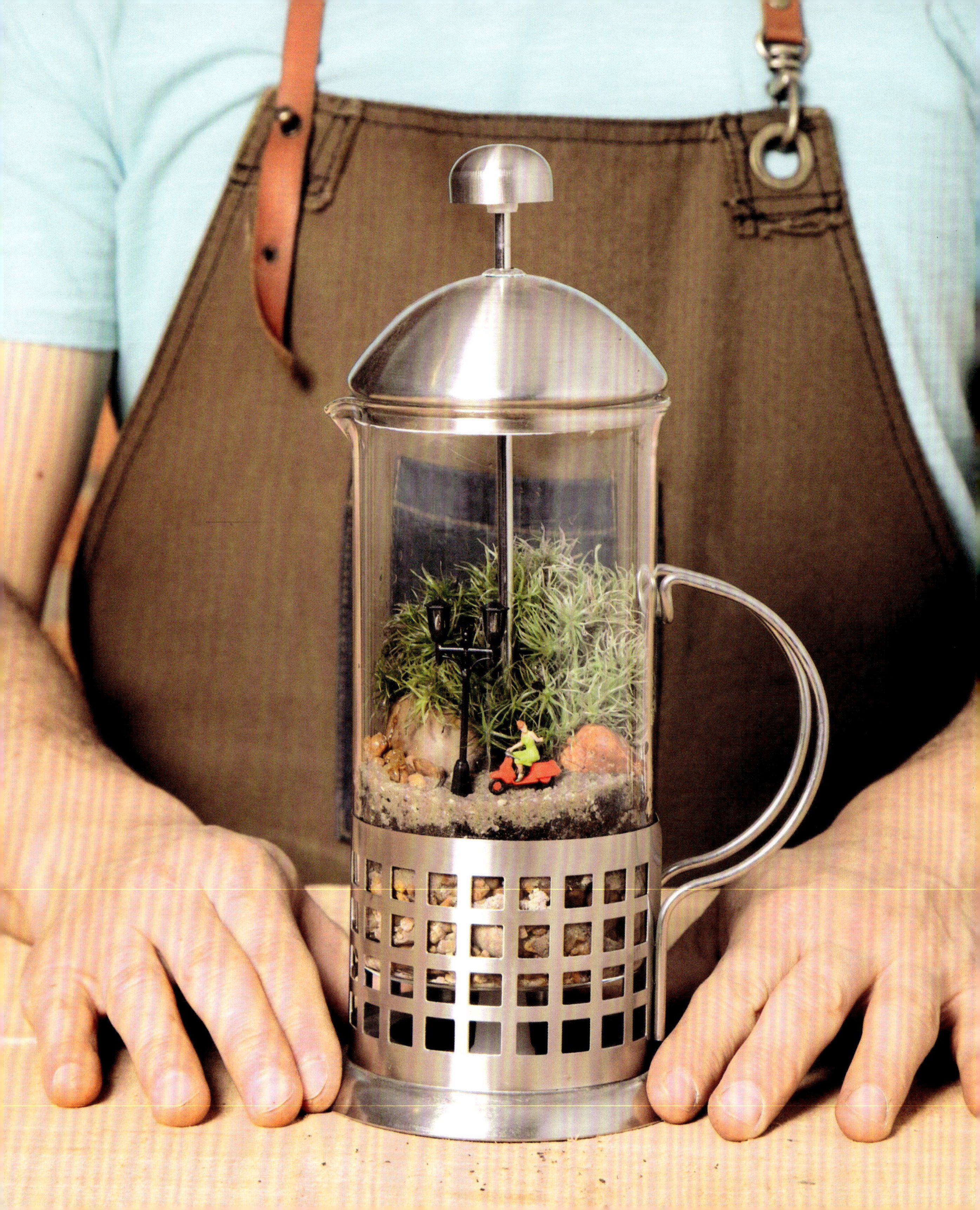

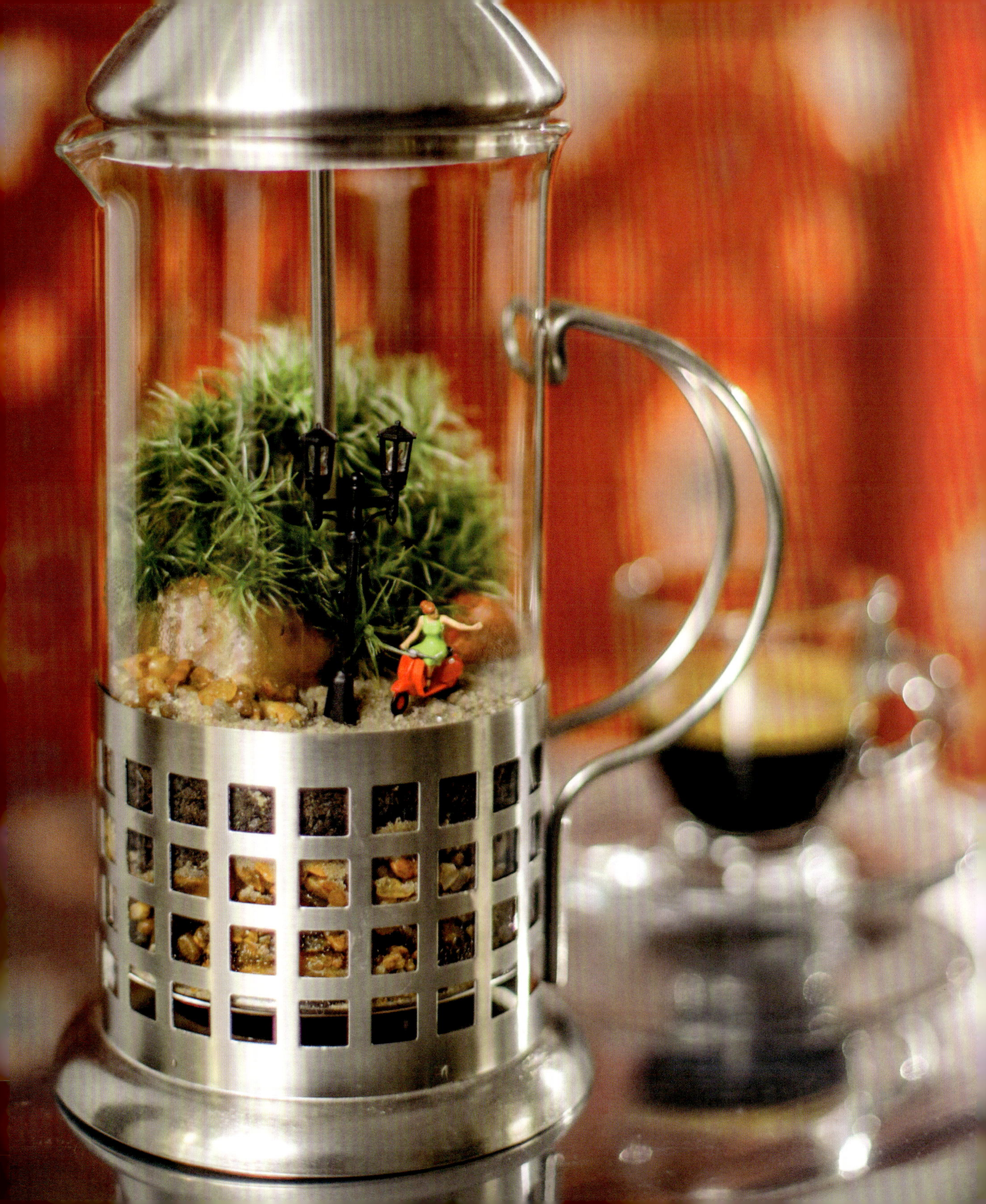

JARDIM NA SABONETEIRA VINTAGE

Mais um exemplo de como podemos aproveitar objetos de nossa casa ou de nosso dia a dia para formar terrários incríveis e inovadores: este modelo de saboneteira, que já pode ser considerado antigo, transformou-se em um jardim sem grandes dificuldades.

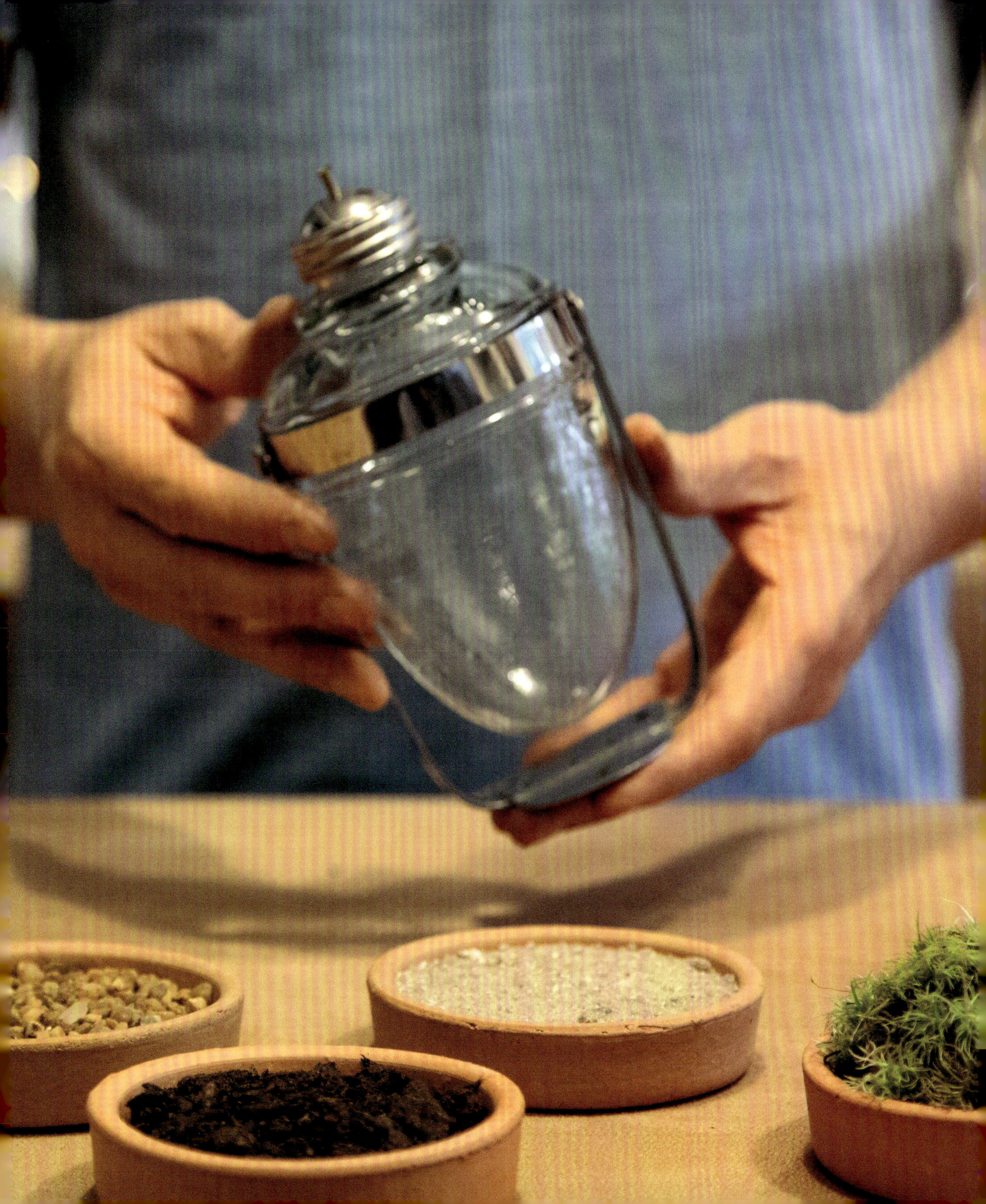

PASSO A PASSO

1. Separe os materiais que vai utilizar e lave bem a saboneteira com água e detergente neutro. Deixe secar ao ar livre.

2. Crie a base do terrário colocando pedriscos, terra e areia, intercalando as camadas. Utilize um funil para facilitar, já que a abertura do vidro é estreita.

3. Se desejar, utilize um pincel para deixar as camadas mais regulares.

4. Utilizando uma pinça ou mesmo uma mangueira com o funil, posicione algumas pedras pequenas no centro do terrário.

5. Ainda com a pinça, insira os musgos no terrário, preenchendo a parte traseira.

6. Regue o terrário com uma pipeta, um conta-gotas ou uma seringa, sem deixar encharcar.

7. Insira a miniatura de sua preferência e tampe a saboneteira.

8. Agora é só colocar seu terrário em um local com bastante luz natural, mas sem incidência direta do sol.

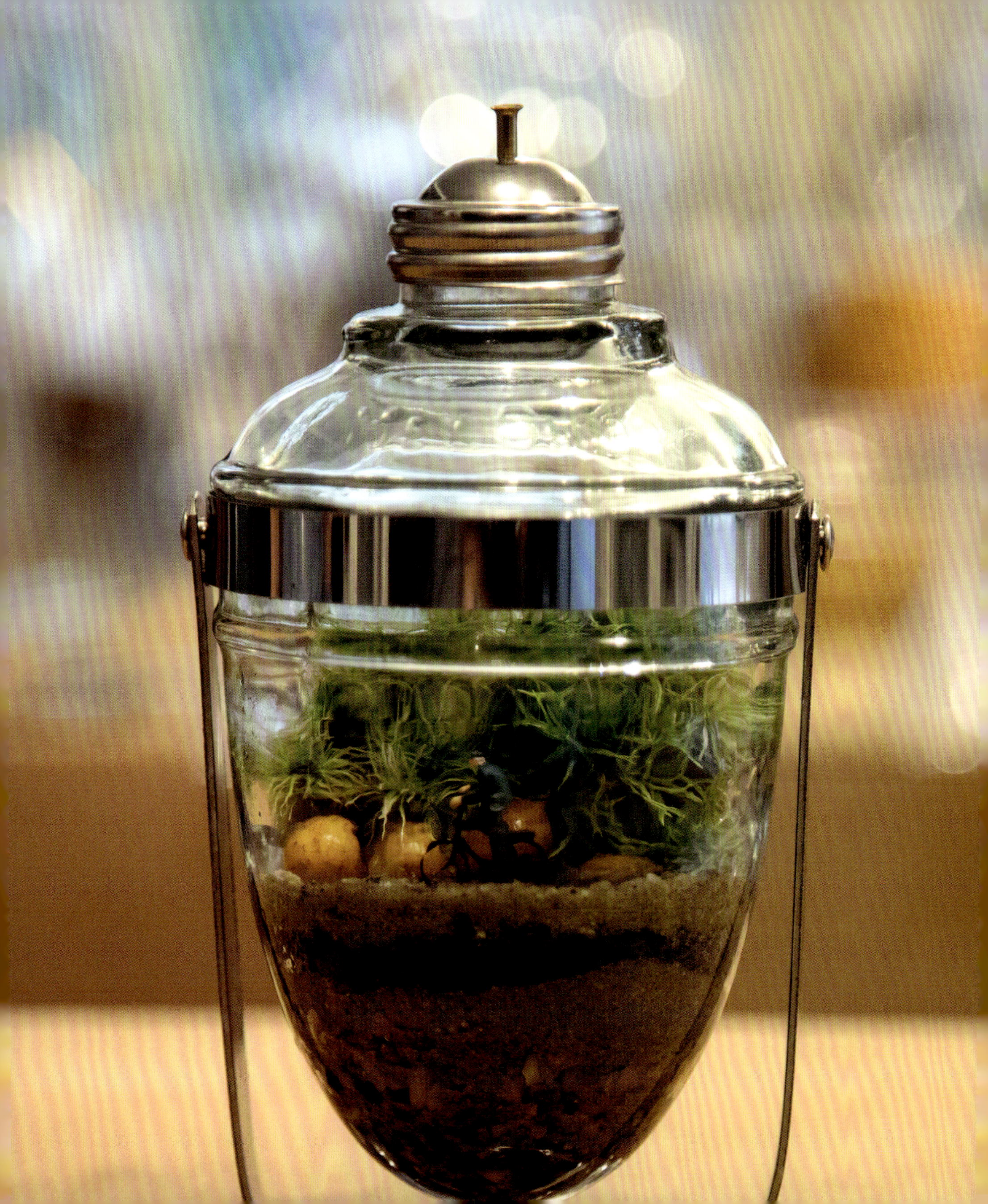

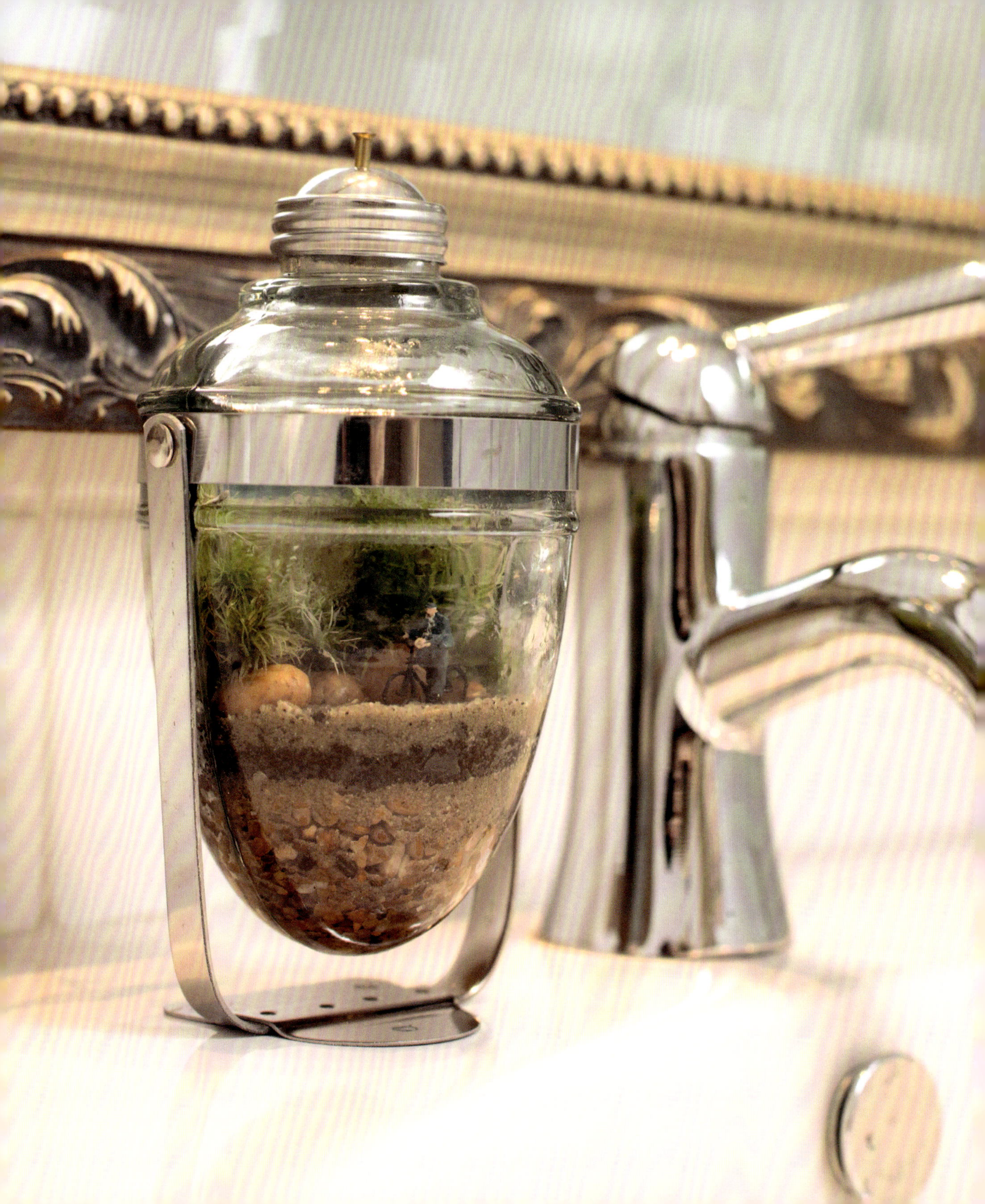

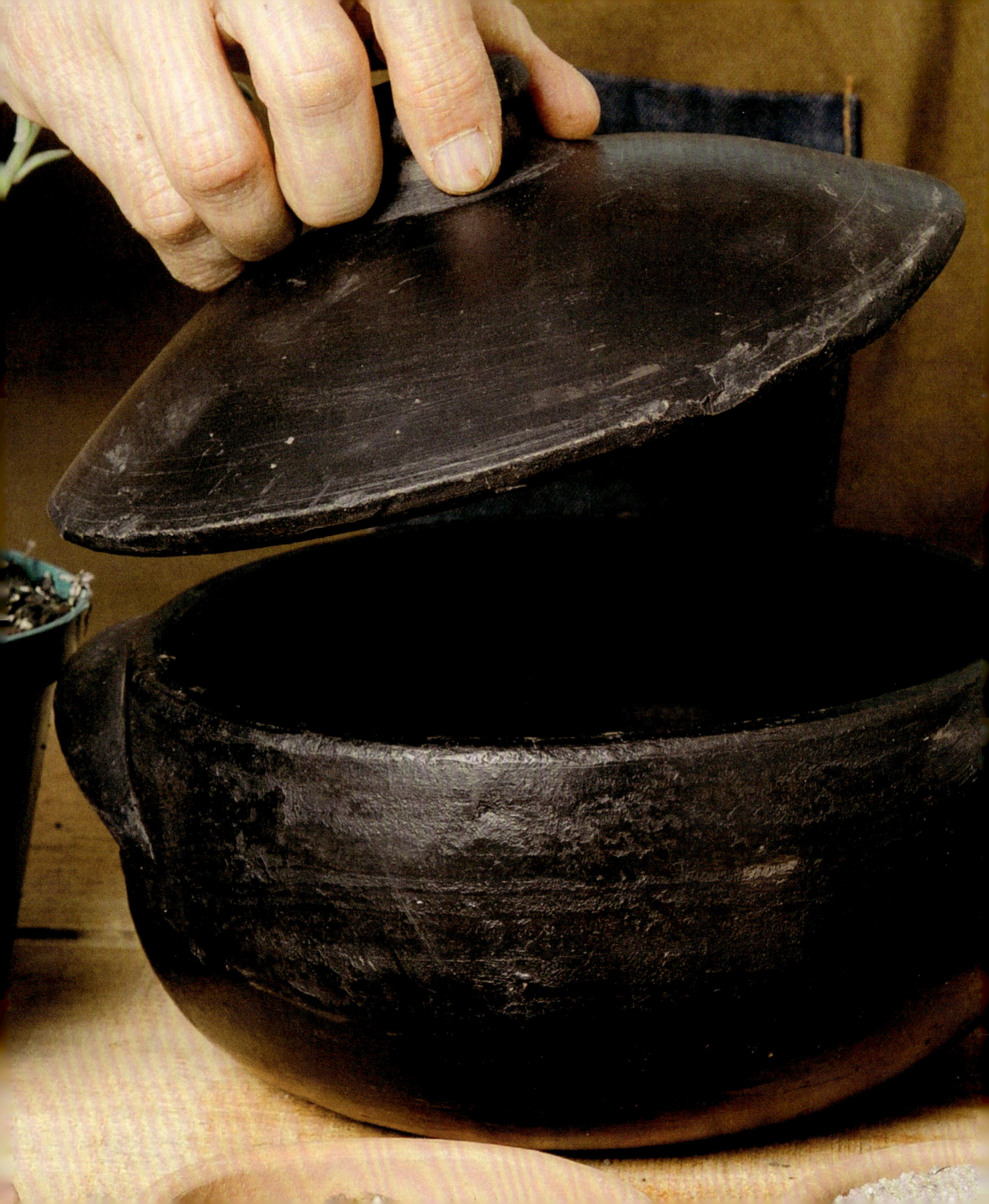

PANELA DE BARRO

Além de serem ideais para fazer moquecas, cozidos e outros pratos deliciosos, as panelas de barro também podem abrigar lindos jardins, como este que criamos aqui para servir de inspiração.

PASSO A PASSO

1. Separe os materiais que vai utilizar. Retire a tampa e lave bem a panela com água e detergente neutro. Deixe secar ao ar livre ou então seque-a usando um papel-toalha limpo.

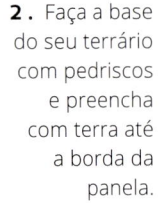

2. Faça a base do seu terrário com pedriscos e preencha com terra até a borda da panela.

3. Faça pequenas covinhas com as mãos para inserir as plantas. Coloque as maiores na parte traseira do jardim.

4. Complete os espaços vazios com as plantas menores utilizando uma pinça, se for preciso, e preencha os espaços entre elas com pedriscos.

5. Regue seu terrário com o auxílio de um borrifador, sem deixar encharcar, e depois coloque-o em um local que receba bastante luz natural, com incidência direta do sol por pelo menos dois ou três dias por semana.

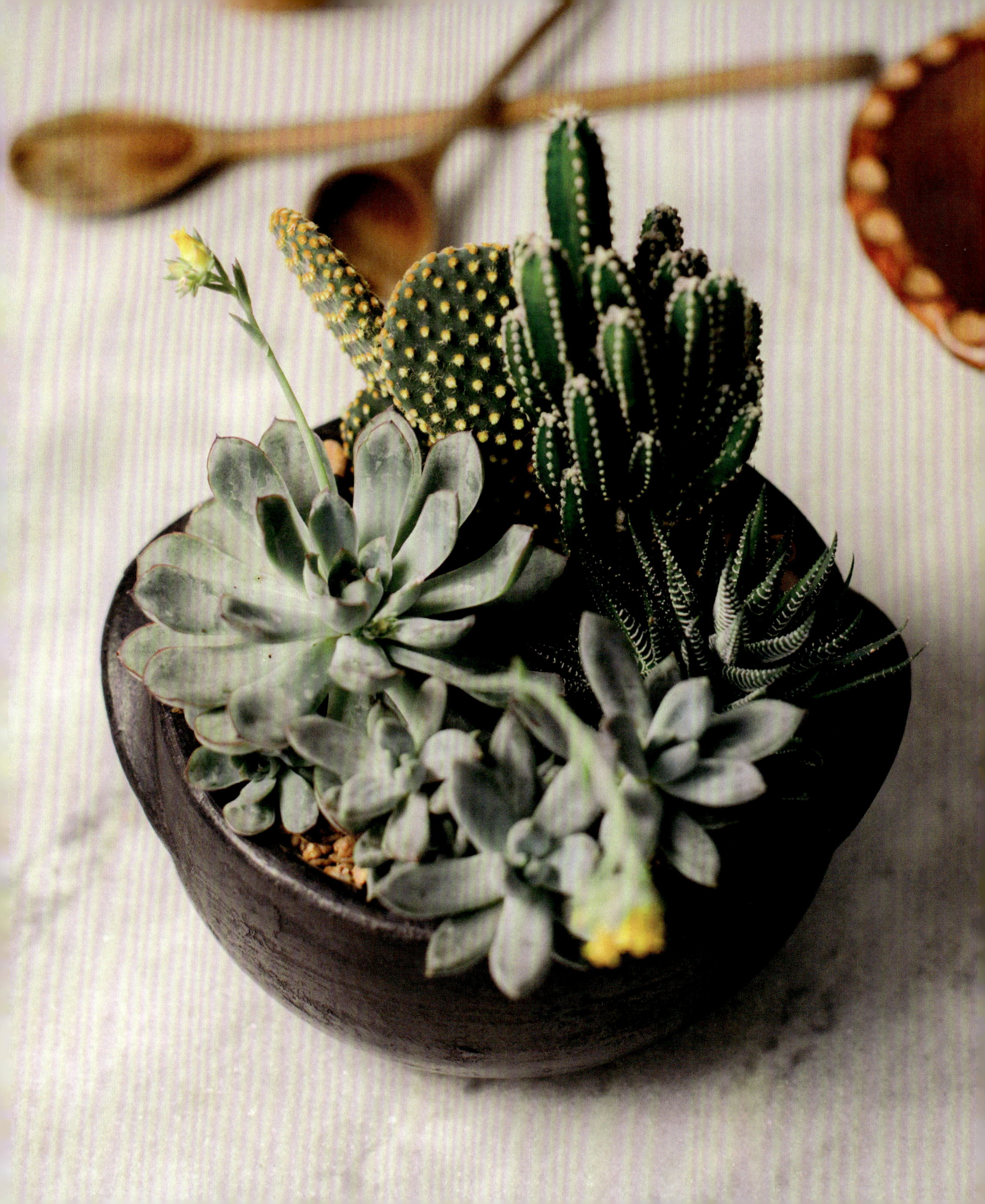

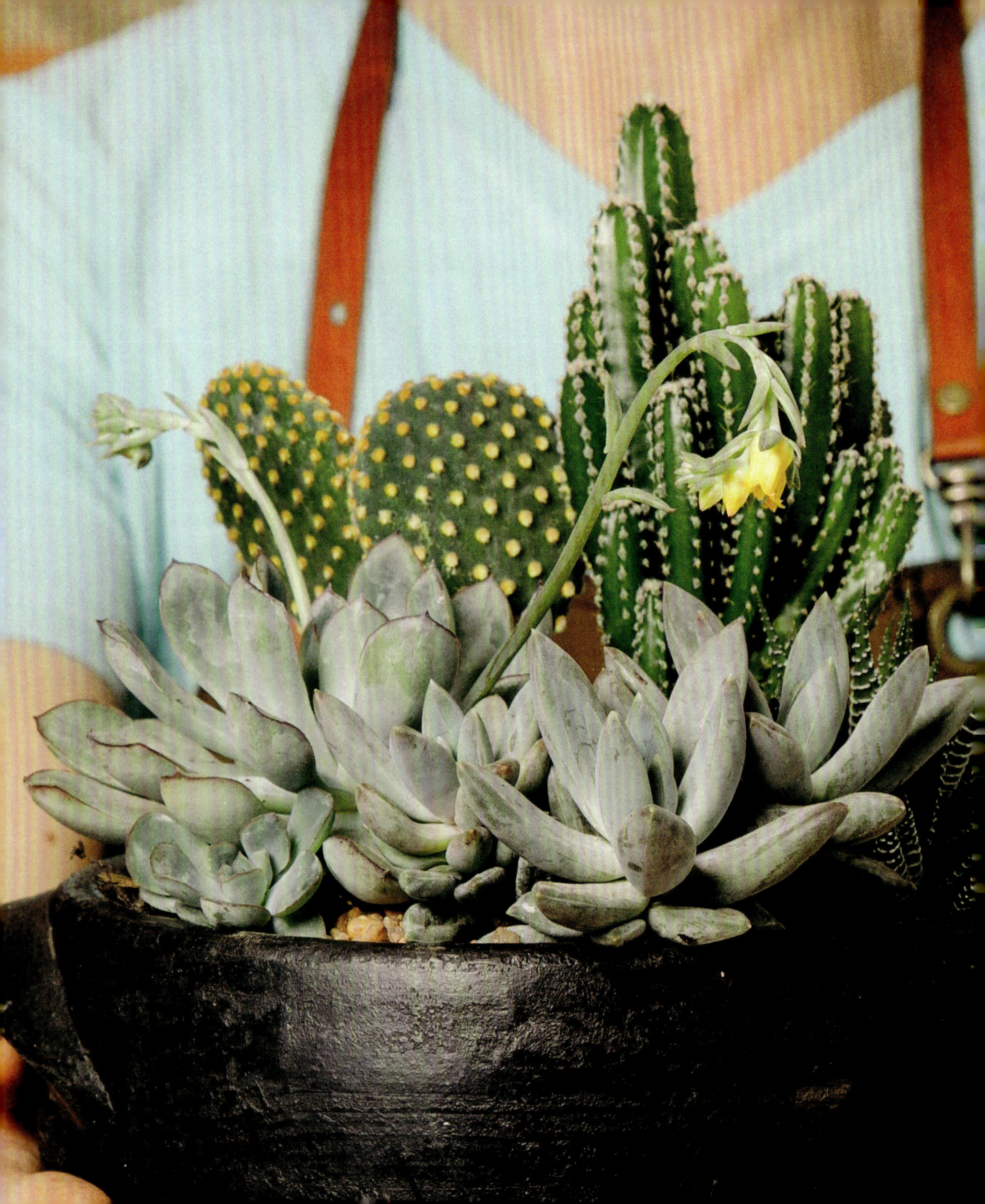

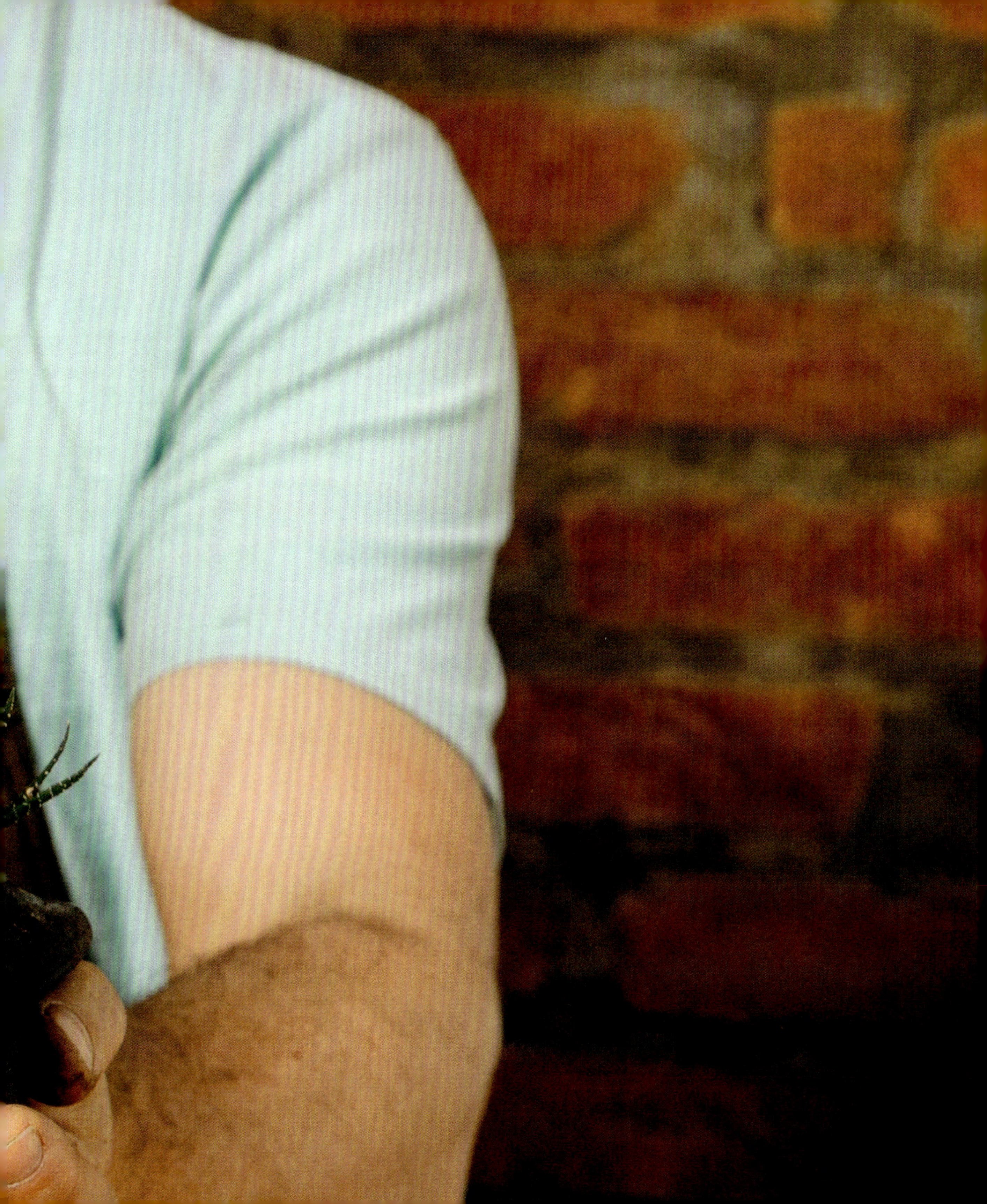

JARDIM NO ABACAXI

Vasos bem coloridos e com formatos divertidos também são ótimas opções para deixar seus terrários ainda mais interessantes. Esta inspiração com o modelo imitando um abacaxi combina com o estilo dos cactos e das suculentas escolhidos para o jardim, além de dar um toque descolado à composição.

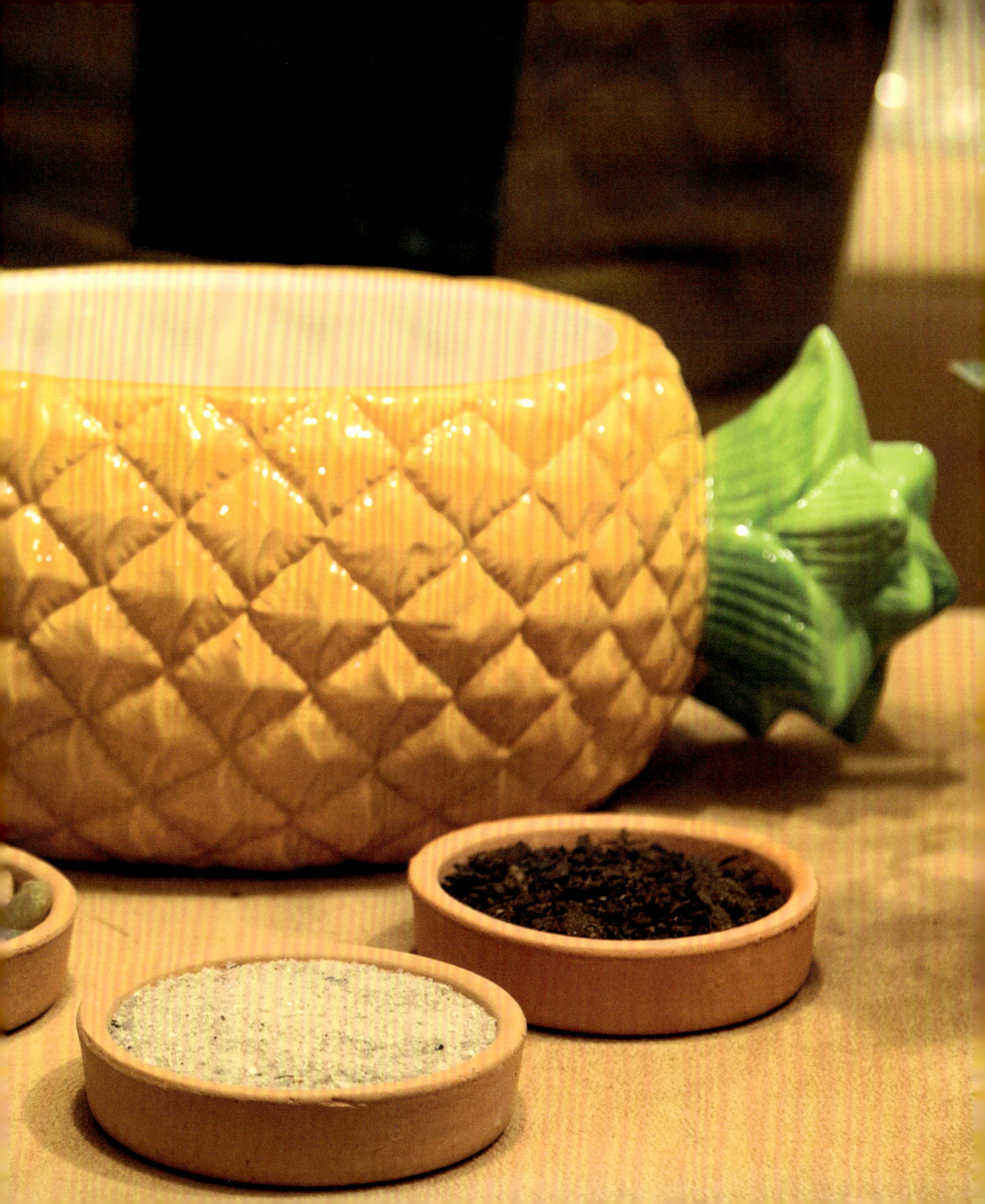

PASSO A PASSO

1. Separe os materiais que vai utilizar e lave bem o vaso com água e detergente neutro. Deixe secar ao ar livre ou então seque-o usando um papel-toalha limpo.

2. Crie a base do jardim com pedriscos e em seguida complete todo o vaso com terra. Faça pequenas covinhas com os dedos para inserir as plantas.

3. Plante as suculentas e os cactos nas covinhas, posicionando as plantas maiores ao fundo e as menores na parte da frente do jardim.

4. Utilize uma pinça para inserir as plantas menores e preencha com pedriscos os espaços entre elas.

5. Regue o jardim com um borrifador, acertando os jatos entre as plantas, nunca diretamente sobre elas. Umedeça a terra sem deixar encharcar.

6. Agora é só colocar seu minijardim em um local que receba bastante luz natural, com incidência direta do sol por pelo menos dois ou três dias da semana.

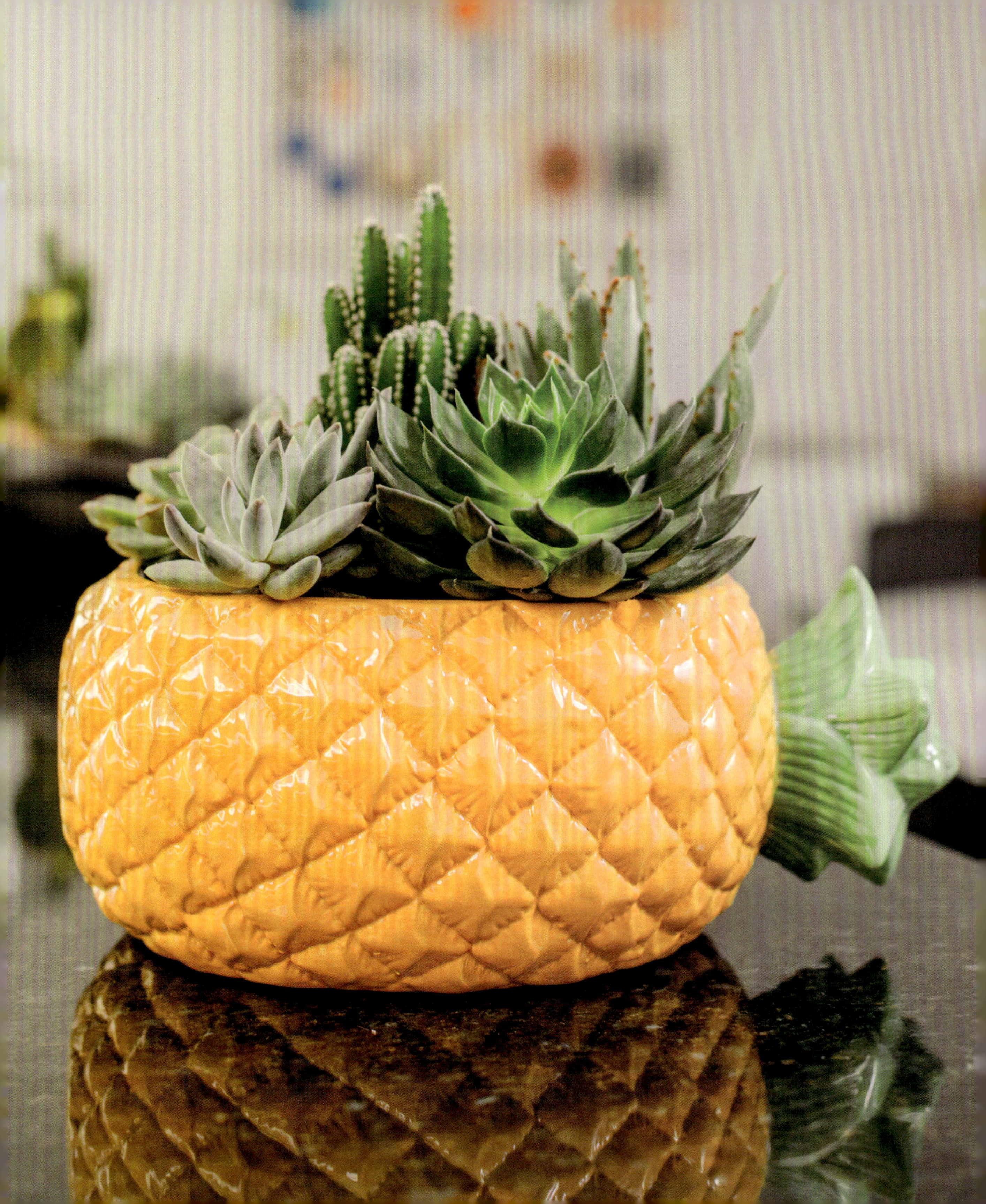

ORQUÍDEA NA REDOMA

As miniorquídeas são flores delicadas e muito charmosas. Elas gostam de ficar em ambientes com bastante umidade e luz natural, sem incidência direta do sol. No entanto, diferentemente das plantas utilizadas nos outros terrários, as orquídeas não ficam enterradas nas camadas de terra ou areia, pois requerem um substrato específico, geralmente feito com pedacinhos de casca de árvore ou de musgo.

Se você não tiver esse substrato para montar, utilize o vasinho "pronto", no qual a orquídea já vem quando é comprada, como fizemos nesta inspiração. Isso também facilita a eventual troca da orquídea depois que as flores caírem, pois elas costumam durar apenas três ou quatro meses. Dessa forma, você pode trocar apenas o vaso por um outro que tenha flores até que aquele que foi retirado volte a florescer novamente.

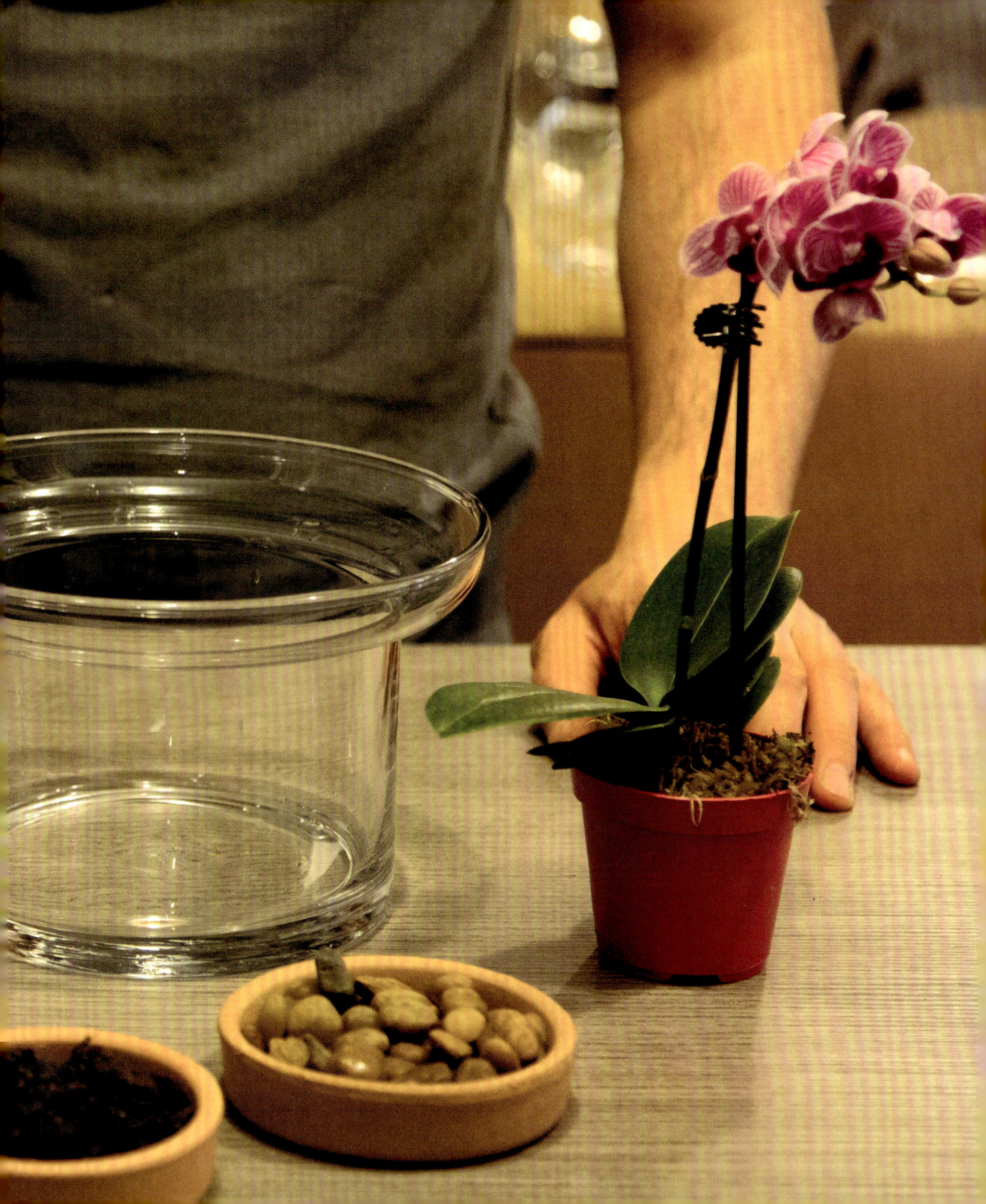

PASSO A PASSO

1. Separe os materiais que vai utilizar e lave bem o vidro e o suporte da redoma com água e detergente neutro. Deixe secar ao ar livre ou então seque-os usando um papel-toalha limpo.

2. Coloque o vaso plástico contendo a orquídea dentro do suporte de vidro.

3. Preencha os espaços ao redor do vaso intercalando terra com pedriscos até atingir mais ou menos 1 cm da borda.

4. Utilize um pincel para limpar os resíduos, caso eles caiam sobre as folhas da orquídea, e posicione alguns musgos sobre a base.

5. Utilize um borrifador para regar seu terrário, apenas umedecendo a base sem deixar encharcar, e feche a redoma.

6. Agora é só colocar a redoma em um local com boa luminosidade, mas sem incidência direta do sol, e regar em média uma vez por mês.

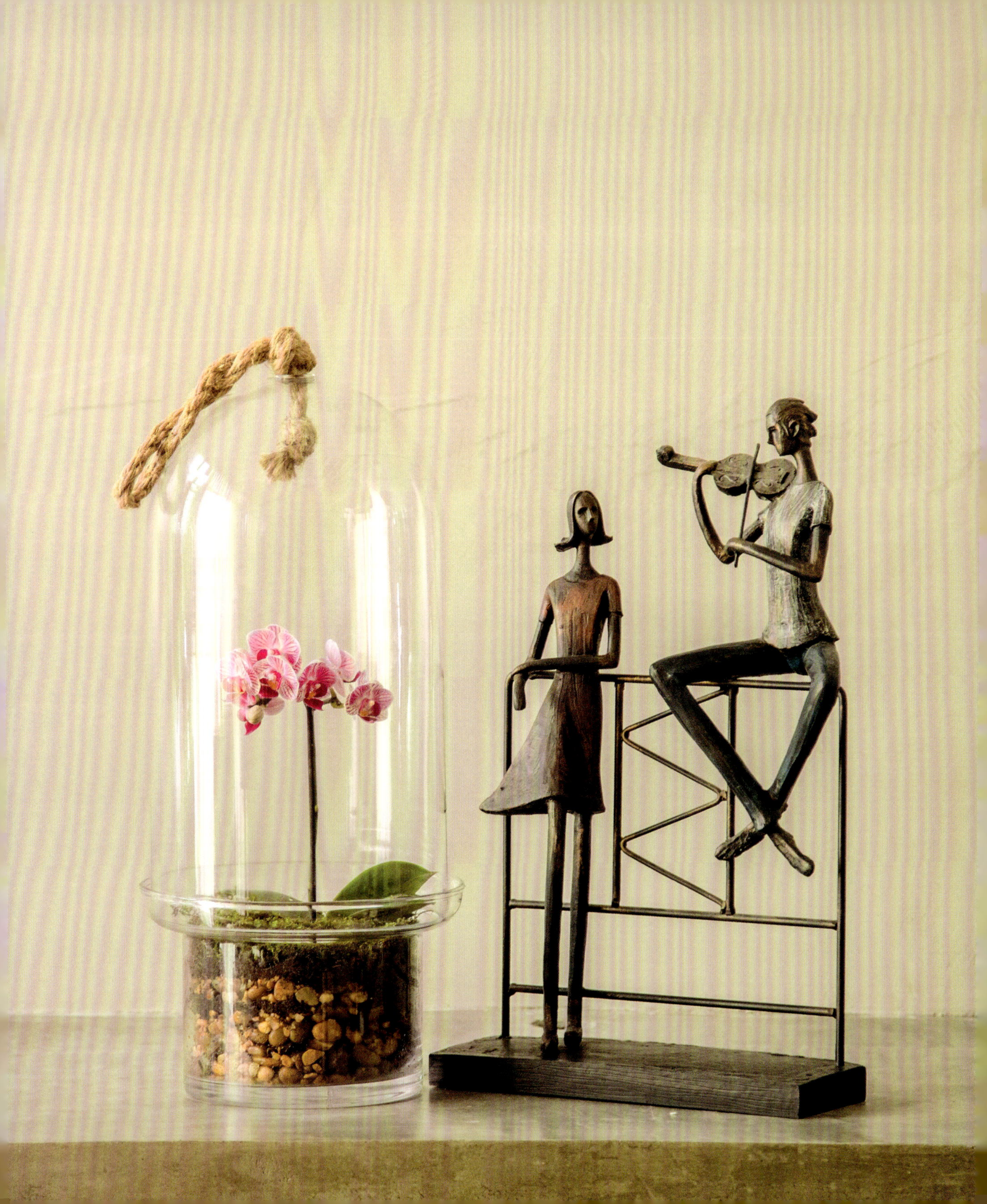

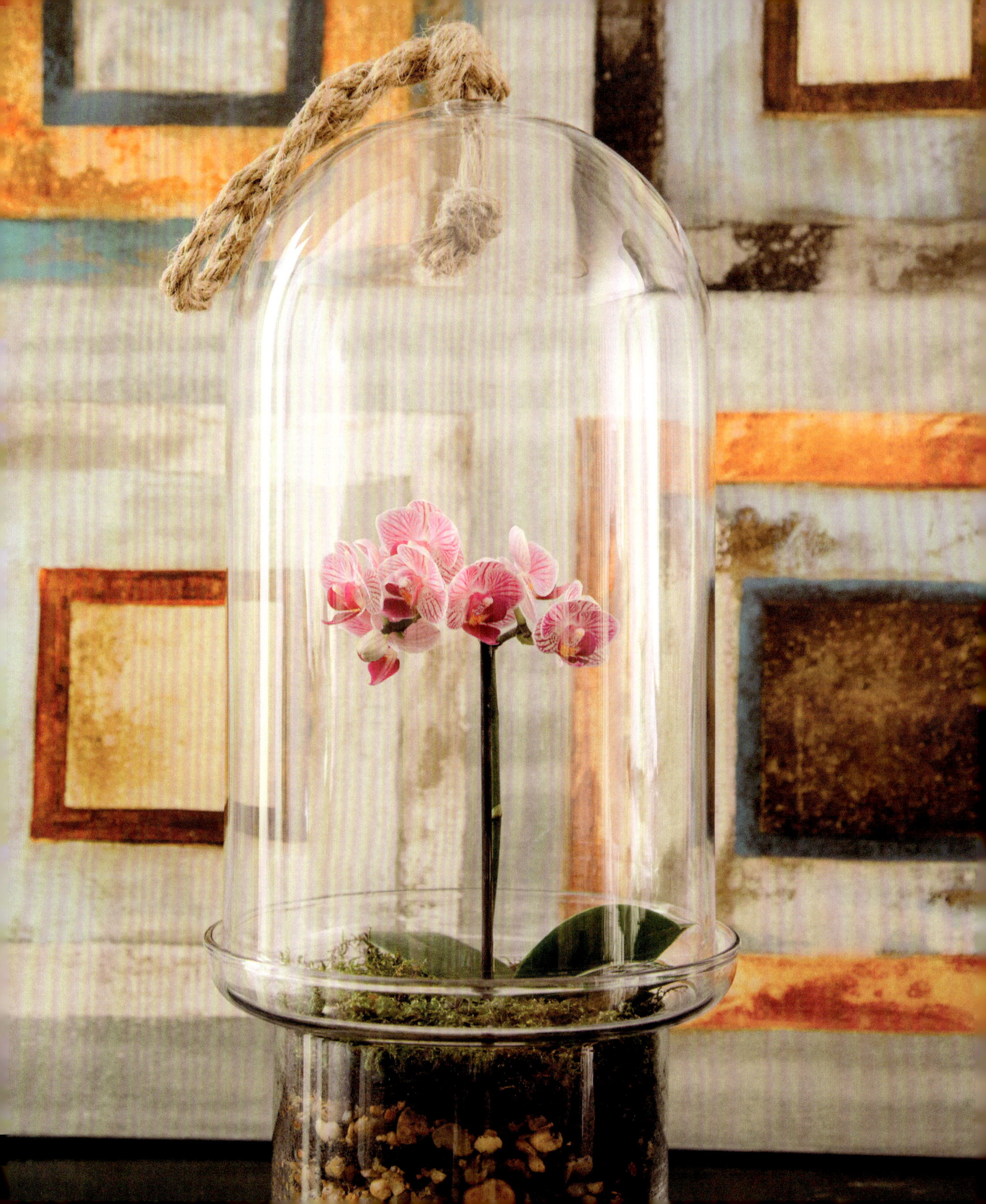

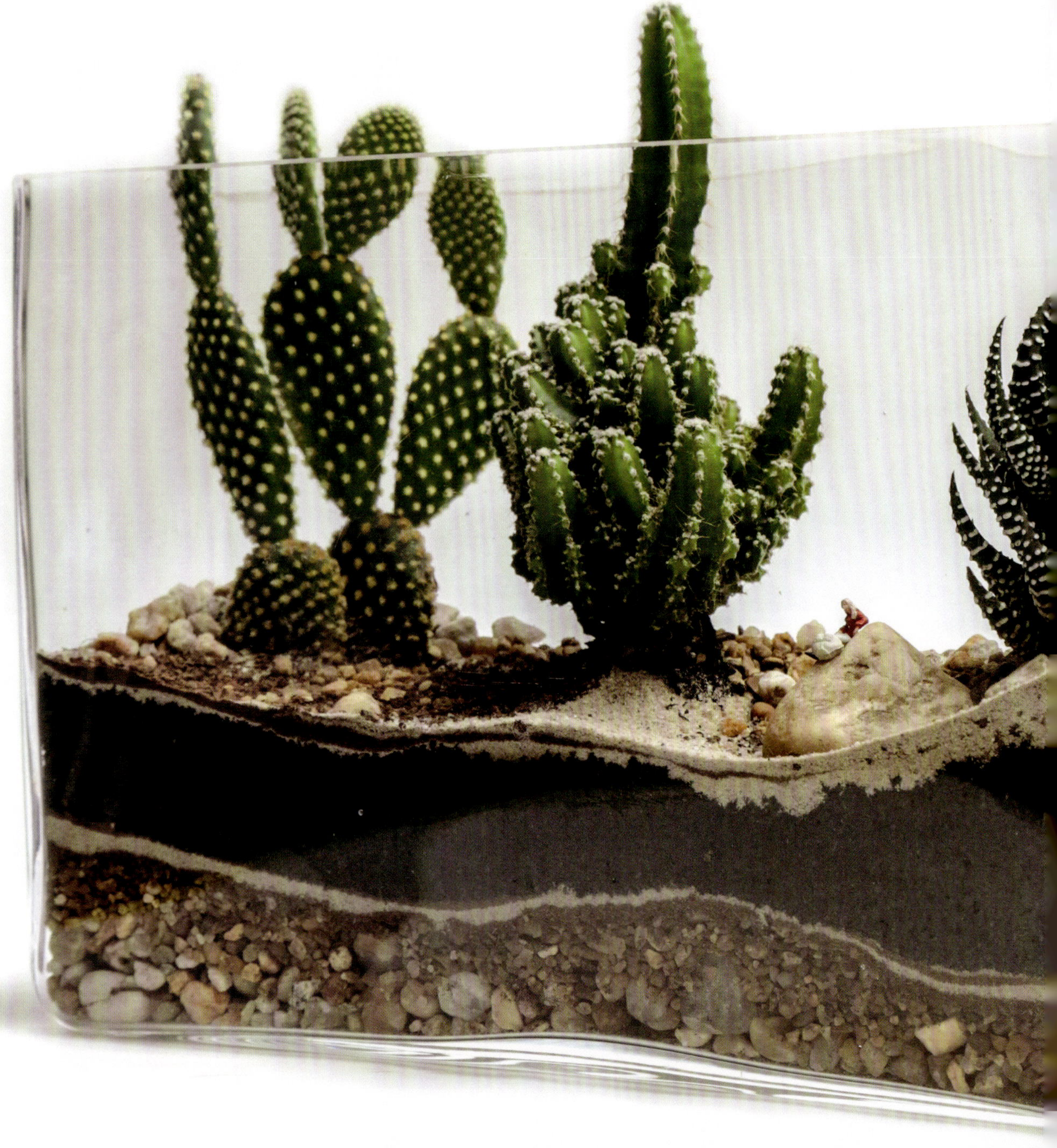

REFERÊNCIAS

COLLETTI, Maria. **Terrariums**: gardens under glass. Designing, creating, and planting modern indoor gardens. Minneapolis, Minnesota: Cool Springs Press, 2015.

COSTA, Carol. **Minhas plantas**: jardinagem para todos (até quem mata cactos). São Paulo: Paralela, 2017.

HIBBERD, Shirley. **Rustic adornments for homes of taste**: and recreations for town folk, in the study and imitation of nature. Reedição. New York: Cambridge University Press, 2011.

INCIARRANO, Michelle; MASLOW, Katy. **Tiny world terrariums**: a step-by-step guide. New York: Abrams, 2012.

MUSGRAVE, Toby. The remarkable case of Dr. Ward. **The Telegraph**, 19 jan. 2002. Disponível em: <https://www.telegraph.co.uk/gardening/3296777/The-remarkable-case-of-Dr-Ward.html>. Acesso em 26 out. 2018.

THACKER, Christopher. **The history of gardens**. Los Angeles: University of California Press, 1979.

WARD, Nathaniel Bagshaw. **On the growth of plants in closely glazed cases**. London: John Van Voorst, 1852.

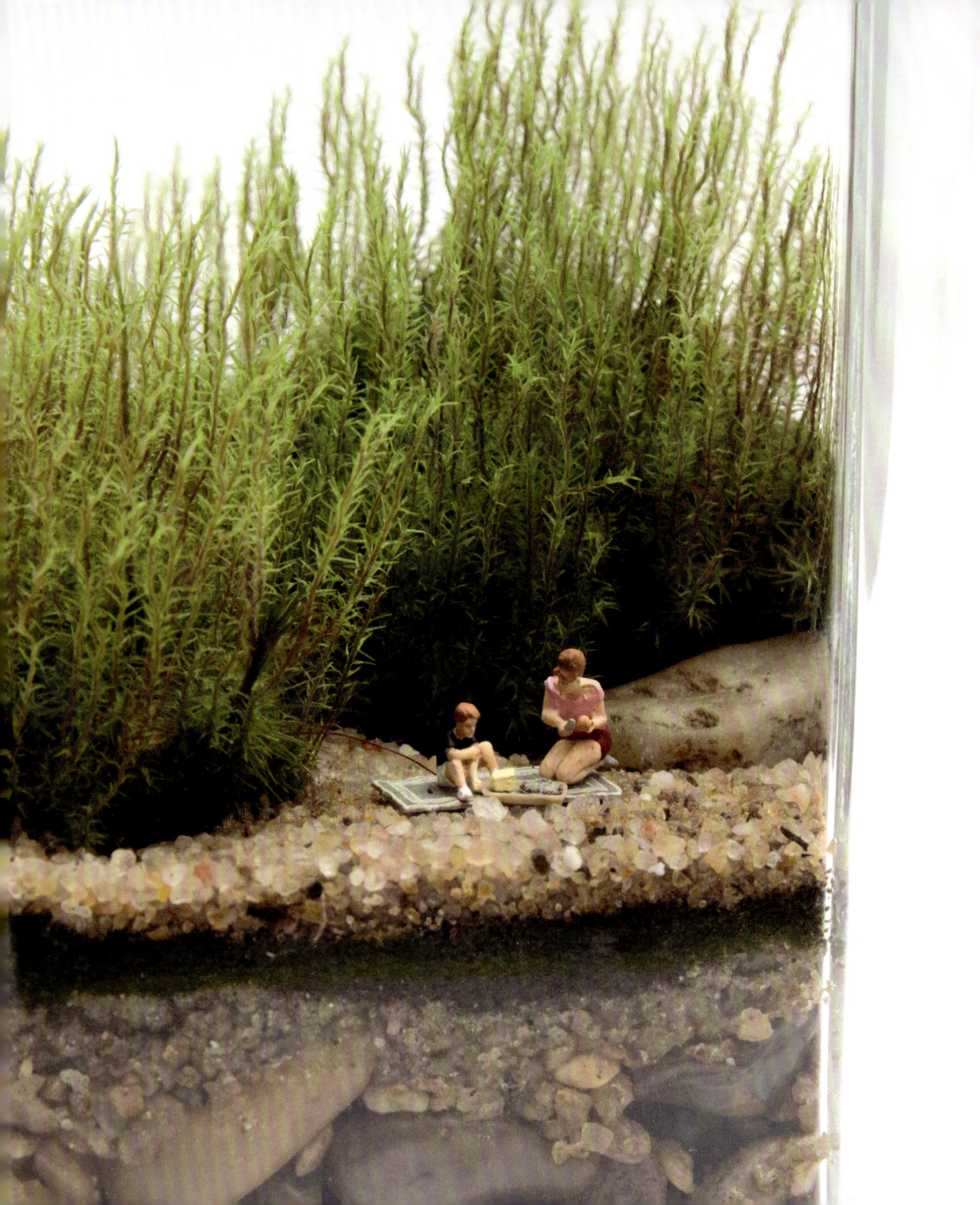

AGRADECIMENTOS

Meus terrários não contêm só plantas, vidro, pedras, pedriscos e afins: eles também são compostos de muito carinho, muita emoção – assim como as páginas deste livro e toda a trajetória que me trouxe até aqui. Por isso, gostaria de agradecer a algumas pessoas que fizeram parte dela.

Em primeiro lugar, à Helena Lunardelli: sem você eu provavelmente não estaria aqui escrevendo essas e todas as outras linhas que compõem o livro. Lembro-me, como se fosse hoje, daquele finalzinho de tarde em um domingo, quando recebi sua ligação... Ela plantou uma sementinha, que foi cultivada com muito carinho e nos rendeu este lindo fruto. Obrigado pela confiança e por acreditar em meu trabalho.

Outra pessoa por quem tenho muito carinho e grande admiração é o superfotógrafo Renan Viana, que captura com maestria os momentos e as criações da JardimSP desde o início. Essas fotos que aqui estão, como protagonistas da obra, também são uma homenagem a você.

Muito obrigado à amiga Ananda Apple, que me presenteou com o lindo prefácio do livro. Na primeira vez em que você visitou o ateliê para fazer uma matéria, minha primeira frase ao abrir a porta foi "quero dizer que sou seu fã!", lembra-se disso? Hoje quero dizer que esse sentimento só aumenta a cada dia.

Foi em uma festa surpresa, em 2012, que falei aos meus amigos pela primeira vez sobre a ideia de fazer terrários profissionalmente. Nem sei se eles entenderam direito o que eu queria dizer, mas mesmo assim me incentivaram e me motivaram a continuar. Portanto, se esta história existe hoje também é graças a vocês: Alexandre, Nelson Fox, Érica, Bia e Salete. Vocês moram no meu coração e agora também neste livro.

E por falar em amigos, quero agradecer a todos os que me são queridos, em especial a você, Ruth, que é a irmã que escolhi ter, e à Elisa Monteiro, que mora no meu coração desde os tempos da faculdade e que me ajudou muito desde o começo.

Um MUITO OBRIGADO (em letra maiúscula mesmo) também vai para o Carlos Fontes, que é muito especial e que me apoiou neste e em outros muitos projetos há mais de vinte anos. (Sim, Carlos é o dono do primeiro terrário que fiz, aquele sobre o qual eu conto toda vez que falo do nascimento da JardimSP!)

Meus terrários não são só meus; são nossos, são de todo mundo... Por isso, quero agradecer a todos os clientes e amigos que gostam do meu trabalho e que acreditaram, há alguns anos, que essa história de colocar plantas dentro de vidros daria certo.

E se nossos terrários hoje "cruzam fronteiras" e chegam ao Rio de Janeiro, a culpada é a Leticia Oliveira: muito obrigado por acreditar nesse paulista louco!

Ao sr. Severino e à dona Josefina, meus pais: devo a vocês o amor que herdei pelas plantas, assim como tudo o que sei hoje. Amo vocês "de montão". Muito obrigado sempre.

À Marcia, à Gabriela e a toda a equipe da Editora Senac São Paulo, que trabalharam neste e em tantos outros livros com dedicação: minha admiração e meu muito obrigado.

Por fim, esse último OBRIGADO vai a todos que não estão citados aqui explicitamente, mas que também são muito importantes em minha vida. Valeu!

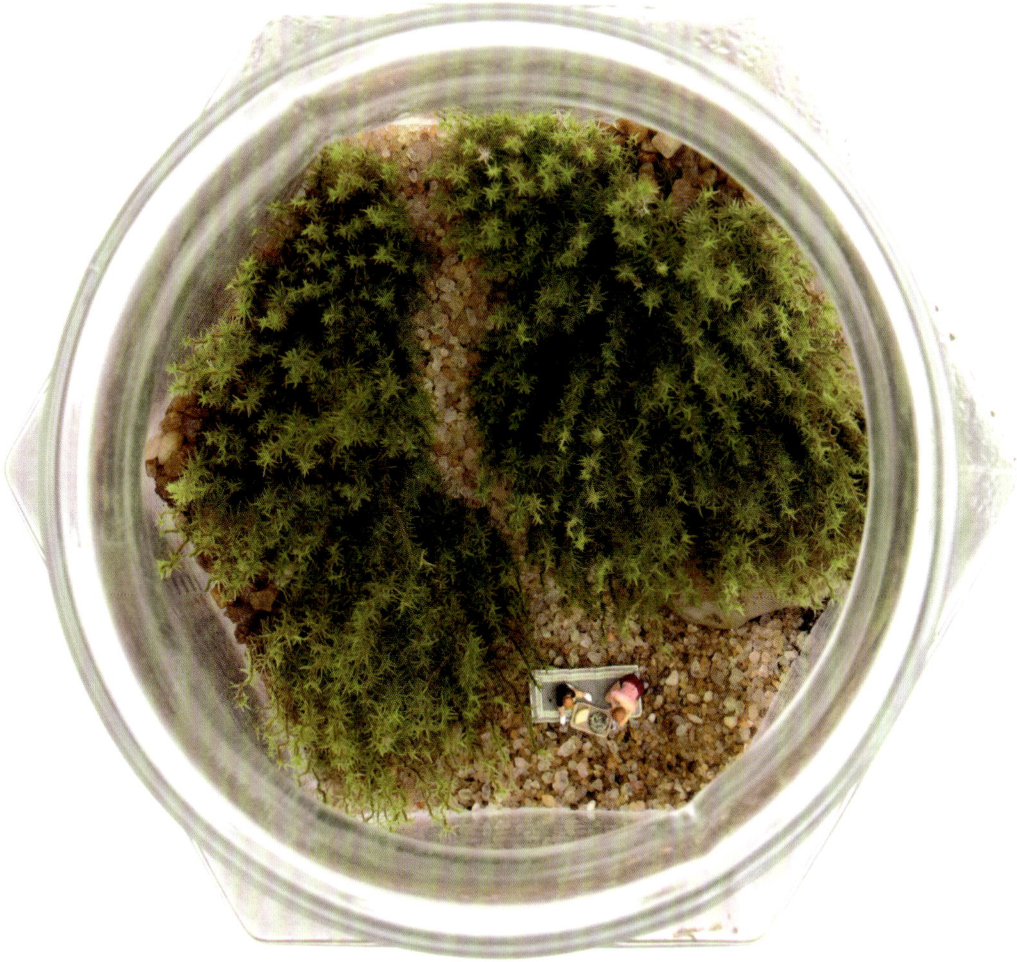

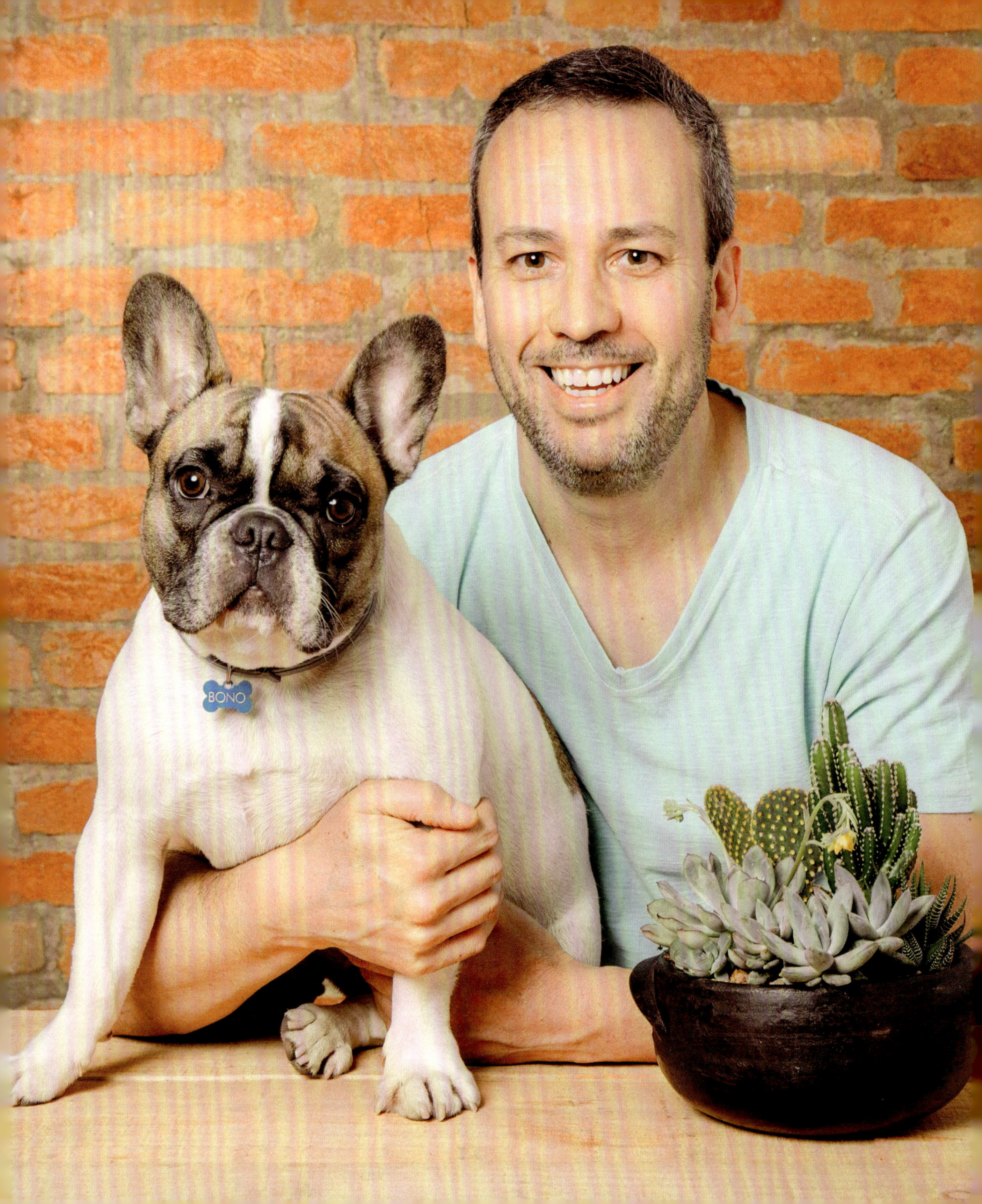
BONO

SOBRE O AUTOR

Roger Evangelista é formado em administração de empresas e trabalhou por quase vinte anos como executivo de uma multinacional. Cansado do mundo corporativo, resolveu trocar as planilhas, os relatórios e as reuniões por seus utensílios de jardinagem e se dedicar de corpo e alma a duas de suas paixões: a natureza e o design.

Pesquisando e investindo nessa atividade, que antes era apenas um *hobby*, em 2013 Roger fundou a JardimSP Terrários, loja e ateliê onde expõe e comercializa seus trabalhos. Antes de comandar a loja, participou de diversas feiras de arte e de design, em São Paulo e no Rio de Janeiro.

Dessa rotina veio a ideia de escrever um manual para a criação de terrários, com dicas e inspirações para que todos possam criar seu próprio "minimundo"– e assim nasceu este livro.